MD Series

Multiplying Disciples Guide

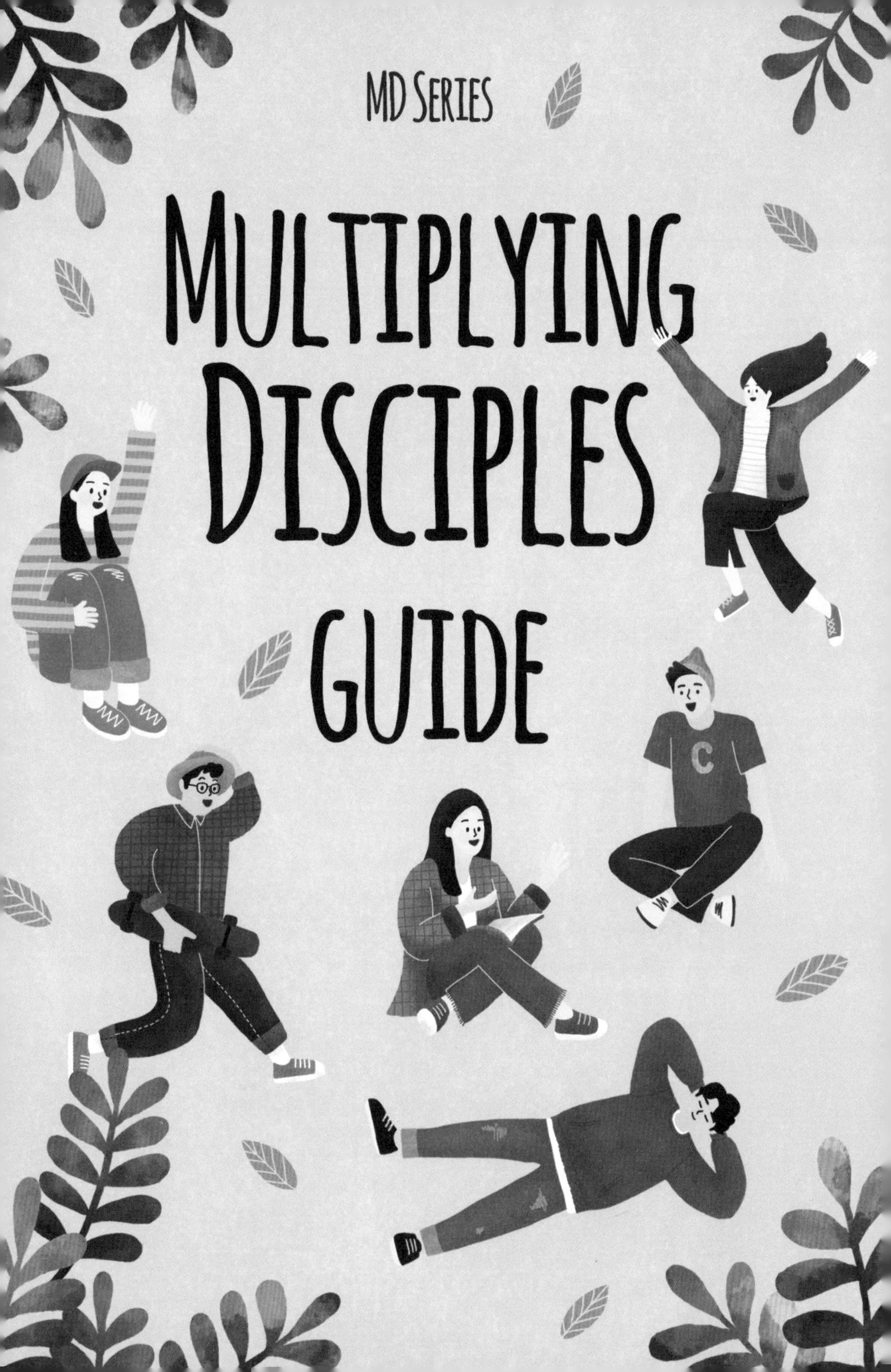

Multiplying Disciples _Guide

1985년 10월 30일 초판 발행
2018년 2월 14일 개정판 1쇄 발행
2023년 9월 20일 개정판 2쇄 발행

펴낸곳 : 순출판사
표지디자인 : 김혜령 (VLM)
편집디자인 : 구동훈 (MediaStint 9)
일러스트 : 양희정 (MediaStint 7)

등록번호 : 제 2020-000159호
주소 : 서울시 종로구 백석동 1가길 2-8
전화 : 02) 722-6931~2 팩스 : 02)722-6933
홈페이지 : www.soonbook.co.kr

ISBN 978-89-389-0334-1

값 10,000원

“이 땅에 푸르고 푸른
그리스도의 계절이 오게 하자!”

이새의 줄기에서 뻗어 나온 연한 순(筍)은 주님을 가리킨다(사 11:1, 53:1-12). 순은 우리나라 시인들의 순박한, 영원한 시골 소녀상이기도 하다. 순은 가지에서부터 무한히 뻗는 동안 잎과 꽃과 열매를 맺는다. 순은 자신을 위해 있는 것이 아니라 숨어 버리는 무한한 생명의 전달자요, 나룻배요, 어머니요, 수단이요,기능일 뿐이다. 오늘도 CCC 산하의 수만 개의 ‘순’은 이 땅에 푸르고 푸른 그리스도의 계절을 위하여 강인한 생명력으로 힘차게 뻗어가고 있다.

*(故김준곤 목사의 순론 중)

서 문

인류사에 커다란 영적 진보가 지금 세계 도처에서 일어나고 있다. 2,000년 전에 지상 명령이 처음 주어진 이래 어떤 시기보다도 많은 사람들이 복음을 듣고 있으며, 그리스도를 영접하고 제자로 성장하고 있다.

우리는 이 세대에 지상 명령의 성취를 위해 필요한 인력·기술·재정을 가지고 있다. 그러나 우리는 역사의 교훈으로부터 오순절, 종교 개혁, 웨슬레의 신앙 부흥처럼 전례 없던 영적 각성의 기회도 마침내는 끝나게 된다는 것을 인식해야만 한다. 우리가 어떻게 이러한 기회를 놓칠 수 있겠는가! 주 예수 그리스도와 그의 나라를 위해 무엇인가 계획했다면 지금 그 일을 해야만 한다!

역사상의 어떤 인물도 예수님처럼 말했거나 살았거나 죽었던 사람은 없다. 그는 참 하나님이시며 참 인간이셨고, 하늘과 땅의 모든 권세를 가지신 분이다. 그는 우리에게 온 세계에 가서 모든 족속으로 제자를 삼으라고 명령하셨다(마 28:19~20).

20세기에 살고 있는 우리 그리스도인들은 우리 세대에 지상 명령을 성취하는 일에 살아 계신 주님과 함께 참여하는 특권을 가지고 있다. 아침에 깰 때부터 밤에 잠들 때까지 모든 그리스도인의 의식과 행위가 지상 명령의 성취에서 떠나서는 안 된다. 우리에게 주신 많은 은총과 축복에 대한 감사와 사랑의 표현으로써, 그의 명령에 대한 순종의 행위로써 우리는 마땅히 그렇게 해야 한다.

캠퍼스와 지역 사회, 도시, 국가, 세계까지도 온전히 변화시킬 수 있는 유일한 분이신 예수 그리스도께 사람들을 인도함으로써 당신은 세계를 변화시키는 일을 도울 수 있다.

이 훈련 책자는 크고 작은 수백 번의 집회, 수천 명의 사람들과의 개인적인 접촉을 통해 배운 교훈들을 포함하고 있다. 소규모의 제자화 순은 그리스도인들의 신앙 성장을 돕는 가장 효과적인 방법 중의 하나이다. 순원들 간의 기도와 보살핌과 사랑은 다른 어떤 방법으로도 얻기 힘든 활력 있는 영적 성장을 가져 온다. 그러나 한 가지 주의할 것은 좀 더 큰 규모의 집회, 특별히 개 교회의 교제와 예배를 통한 영감, 도전과 믿음, 비전을 세우는 중요한 역할에도 동일한 강조를 두어야 한다.

전 국제 CCC 총재
故 빌 브라이트

MD 시리즈는 기초 육성(개인육성 약속 만남)을 마친 후 계속 그리스도의 제자로 육성 받기 원하는 사람들을 위해 만들어졌다. 이 시리즈를 꾸준히 공부할 때 당신의 전도 사역과 제자화 훈련은 크게 향상될 것이며 풍성한 결실을 가져올 수 있을 것이다.

차 례

서 문

Multiplying Disciples 1

01 예수-우리 신뢰의 근거 11

02 하나님과 우리의 새로운 관계 29

03 성령의 능력 안에서 사는 생활 45

04 그리스도와 동행하는 생활 63

05 행동하는 그리스도인 되기 81

06 하나님 아버지와의 관계를 발전시키기 95

07 그리스도 안에서의 새 생활 111

08 그리스도인의 영적 싸움 125

Multiplying Disciples 2

01 그리스도 안에서의 우리의 신분 143

02 화목하게 하는 직책 157

03 확신의 범위 넓히기 169

04 승법 번식의 성경적 전략 183

05 그리스도인과 유혹 199

06 하나님의 뜻을 아는 방법 209

07 세계 복음화의 비전을 가진 그리스도인 221

08 가치 있는 삶 233

MD Series

Multiplying Disciples 1

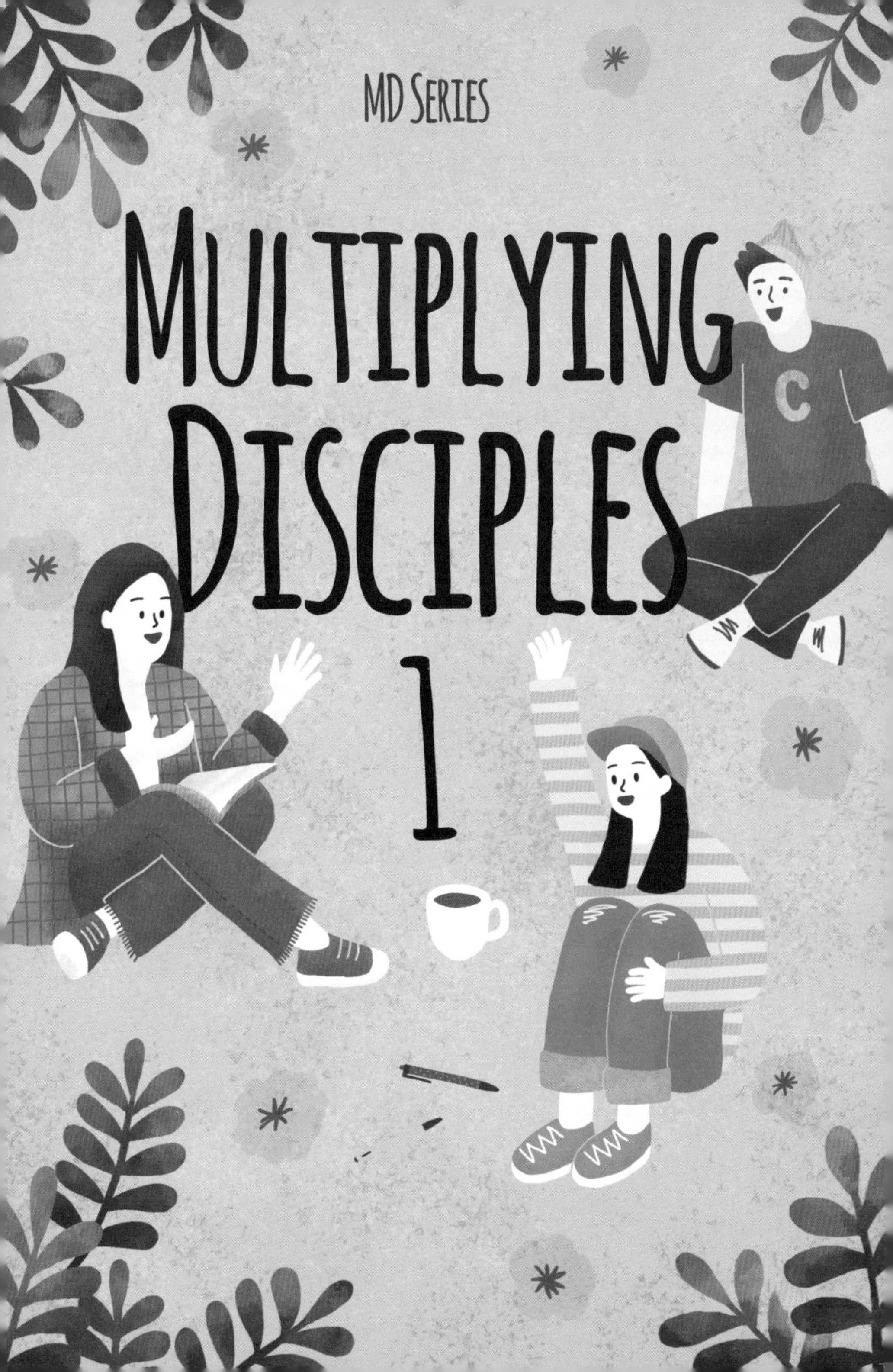

01

예수-우리 신뢰의 근거

"당신이 하나님의 말씀대로 하나님을 받아들인다면,
하나님은 당신을 위해 더 많은 것들을
행하실 준비가 되어 있다."

-도널드 G. 반하우스

준 비

○ 개인 점검

이 과의 순모임을 준비하기 위해 적어도 30분 정도의 시간을 확보하라. MD_Guide를 보지 말고 먼저 교재에 있는 모든 문제들에 답해보라. MD_Guide의 '참조하라'는 순장들에게만 제공되는 성경 자료이다.

※ 주의: 순장이 순모임을 인도할 때, 순원들의 성숙 정도에 따라 교재의 해당 부분을 강조할 수 있다.

○ 준비 자료

순원들을 위한 교재들

○ 참고 자료

신앙개념(TC) 제1권 '그리스도인임을 확신하는 방법'

성경공부 개요

1. 신뢰할 수 없는 비행기 이야기

2. 성경적 믿음의 대상이신 예수

   요 10:30~33; 요 14:6~9; 막 2:5~12; 마 14:13~34

3. 예수님은 신뢰할 만한가?

4. 왜 우리는 예수님이 필요한가?

   롬 3:23; 롬 6:23; 롬 5:6~10; 벧전 2:24; 고후 5:21; 엡 2:4~9

5. 어떻게 그리스도를 믿을 수 있는가?

   엡 2:8~9; 계 3:20

점검 Point

1. 사영리 소개 및 실습

   1) 사영리와 그 사용법에 대해 이해하기
   2) "사영리 소개하는 방법"을 둘씩 짝지어 연습하기
   3) 연습한 대로 전도하며 실습해보기

01

예수-우리 신뢰의 근거

개관목적 건전한 믿음의 개념을 이해하고, 그리스도께 믿음을 두어야 하는 이유와 그리스도를 영접하기 위해 어떻게 믿음을 표현할 수 있는지 알게 하는 것이다.

학습목표
1. 예수님이 신뢰할 만한 대상이심을 설명할 수 있다.
2. 각 개인이 그리스도를 구주와 주님으로 신뢰해야 하는 이유를 설명할 수 있다.
3. 그리스도를 구주와 주님으로 영접하기 원한다면 기도로 믿음을 표현할 수 있다.

1. 신뢰할 수 없는 비행기

당신이 이 비행기를 쳐다보고 있을 때, 비행기 승무원이 웃으면서 "여러분, 비행기에 올라 타 주십시오."라고 말했다고 가정해 보자. 당신이 주저하자 그녀는 "오, 걱정하지 마십시오. 믿음만 가지면 우리는 아주 안전할 것입니다."라고 말했다.

1) 이는 건전한 믿음에 대한 좋은 예화라고 생각하는가?
그렇다면 왜 그런가? 아니라면 왜 아닌가?

아니다. 여기에 그려진 것과 같은 비행기를 타는 것은 어리석은 일이기 때문이다. 이것은 어리석은 일이지 결코 믿음이 아니다.

말하라

"건전한 믿음에 대해 생각해 보자."

2) 건전한 믿음의 정의

건전한 믿음이란 신뢰할 만한 대상을 신뢰하는 것을 뜻한다. 믿음의 대상이 신뢰할 수 없는 것이라면, 자신을 그 대상에게 맡기거나 그 대상을 믿는 것은 어리석은 것이 된다.

가교

"그리스도인의 믿음의 대상은 예수 그리스도이다. 예수 그리스도는 신뢰할 만한 분이다. 그러나 오늘날 많은 사람들이 그리스도가 누구신지에 대해 오해하고 있다. 성경에 나와 있는 역사적인 기록을 찾아보자. 그리고 우리 믿음의 대상이신 예수 그리스도에 관해 더 많은 것을 알 수 있도록 살펴보자."

2. 성경적 믿음의 대상이신 예수

요한복음 10:30~33

1) 이 구절에서 예수님께서 말씀하신 의미는 무엇이라고 생각하는가?

그는 "나와 아버지는 하나이니라", 즉 자신이 하나님이라고 말씀하셨다.

2) 유대인들은 예수님의 말씀을 듣고 그가 무엇을 주장한다고 여겼는가?

그가 자신이 하나님이라고 주장한다고 이해했다.

요한복음 14:6~9

3) 예수님이 도마에게 말씀하신 것에 의하면, 인간은 어떻게 하나님께로 갈 수 있는가?

예수님은 자신이 하나님께로 갈 수 있는 유일한 길이라고 주장하셨다. 사람은 예수님을 통해서만 하나님을 알 수 있고 만날 수 있다.

4) 예수님은 자신에 대하여 빌립에게 무엇이라고 말씀하셨는가?

예수님을 본 것이 곧 하나님을 본 것이라고 말씀하셨다.

마가복음 2:5~12

5) 예수님의 말씀 중에 그분만이 하실 수 있는 유일한 것은 무엇인가?

그는 죄를 용서할 수 있다고 말씀하셨다.

6) 예수님은 자신이 말한 것을 행할 권세가 있음을 어떻게 증명하셨는가?

그가 중풍병자를 고치심으로 그 권세를 증명하셨다.

관련지어 말하라

"유대 사람들은 오직 하나님만이 죄를 용서하실 수 있다고 믿고 있었다. 그래서 그들은 예수님께서 자신이 죄를 용서할 수 있다고 주장하신 것을 용납할 수 없었다. 예수님의 주장은 자신을 하나님이라고 주장한 것과 같기 때문이었다.."

"더 진행하기 전에 여기서 예수님에 관해 발견한 것을 요약해보자."

7) 예수님은 자신이 하나님이라고 주장하셨고, 다른 사람들은 그가 그런 주장을 만들어 낸 것이라고 생각했다. 예수님은 또한 자신이 하나님 아버지께로 가는 유일한 길이며, 오직 하나님만이 하실 수 있는 죄사함의 권세가 자신에게 있음을 주장하셨다.

마태복음 14:13~36

8) 예수님이 행하신 기적들은 그가 바로 하나님이신 것을 입증한다.

말하라

"마태복음 14장은 예수님이 5개의 보리떡과 2마리의 물고기로 5,000명을 먹이신 사건이다. 그의 부활(마태복음 28장)과 다른 많은 기적들은 모두 예수님이 인간 이상의 존재이심을 보여주고 있다. 그는 하나님 자신이셨다."

3. 예수님은 신뢰할 만한가?

1) 예수 그리스도는 자신이 하나님이라고 주장하셨다. 그러나 그의 주장이 거짓이며 그 자신이 그것을 알고 있었다면, 그는 거짓말쟁이일것이다.

2) 만일 그의 주장이 거짓이었으나 그 자신이 그것을 사실이라고 생각했다면, 그는 정말 자신을 하나님이라고 믿었다는 것을 의미한다. 그러므로 그는 정신병자이거나 미치광이였을 것이다.

3) 예수님의 인격과 가르침은 그가 어떠함을 나타내는가?

① 거짓말쟁이? (그렇다면 왜 그런가? 아니라면 왜 아닌가?)

거짓말쟁이는 삶의 첫째 목적을 다른 사람을 사랑하거나 관심갖는 일에 두지 않을 것이다. 거짓말쟁이의 자아는 다른 사람들을 이용하거나 악용하지, 다른 사람을 도와주지는 않는다. 단지 어리석은 자만이 거짓말을 위해서 죽을 것이다.

② 정신병자? (그렇다면 왜 그런가? 아니라면 왜 아닌가?)

정신병자는 그리스도의 가르침과 동일한 것들을 증거하지 못한다. 정신병자가 산상수훈이나 비유들을 말할 수 있겠는가?

결론: 예수님은 결코 거짓말쟁이도 정신병자도 아니다.

4) 다시 말해서 그의 주장들이 진실이었다면 우리는 그가 주장했던 대로 예수님이 하나님, 곧 인류의 구주이며 신뢰할 만한 우리의 믿음의 대상이라고 결론을 내릴 수 있을 것이다.

말하라

"다음 5번은 우리의 이해를 돕기 위해 이제까지 함께 이야기한 것을 도표화한 것이다."

5) 세 가지 논제: 예수님은 자신이 하나님이라고 주장하셨다.

양자택일

- 그의 주장은 거짓이었다.
  - 양자택일
    - 그는 자신의 주장이 거짓임을 알고 있었다. → 그는 고의로 거짓 주장을 했다 → 그는 거짓말쟁이였다.
    - 그는 자신의 주장이 거짓임을 모르고 있었다. → 그는 망상에 사로잡혀있었다. → 그는 미치광이였다.
- 그의 주장은 사실이었다.
  - 그는 구주이시다.
    - 양자택일
      - 당신은 그를 받아들일 수 있다.
      - 당신은 그를 거절할 수 있다.

관련지어 말하라

"여러분의 교재에 있는 도표를 보라. 예수님은 자신이 하나님이라고 주장하셨다. 그는 그의 주장과 관계된 다른 어떤 선택의 여지도 우리에게 남겨 두지 않았다."

"우선 그의 주장이 거짓이었다고 생각해보자. 만일 그것이 거짓이었다면 우리는 양자택일을 해야 한다. 그는 자신의 주장이 거짓임을 알고 있었거나 혹은 모르고 있었을 것이다. 만일 예수님이 자신이 하나님의 아들이 아닌 것을 알고도 그러한 주장을 했다면 그는 거짓말을 한 것이다. 그가 거짓말쟁이라면 그는 또한 위선자다. 왜냐하면 자신은 거짓 속에 살면서 다른 사람에게는 어떤 희생을 치르더라도 정직하라고 말했기 때문이다. 아니 위선자라기보다 그는 악마일 것이다. 왜냐하면 다른 사람들에게 그들의 영원한 운명을 위해 자신을 믿으라고 요구했기 때문이다. 만일 그가 자신의 주장을 증명해 낼 수 없었고, 또 자신이 그 주장을 증명할 수 없었음을 알고 있었다면 그는 지독한 악마이다.

마지막으로 또한 그는 바보다. 왜냐하면 자신이 하나님이라는 그의 주장이 십자가의 죽음을 자초했기 때문이다. 예수님처럼 살았고, 예수님처럼 가르쳤으며, 예수님처럼 죽은 사람이 거짓말쟁이일 수는 없다. 그렇다면 또 다른 가능성은 무엇이겠는가?

만일 예수님이 거짓말쟁이가 아니라면, 망상에 빠져서 자신이 하나님이라고 착각한 것인가? 그가 성실했으나 잘못일 가능성도 있다. 그러나 철저한 유일신의 문화권에서 과대망상에 빠져 자신이 하나님이라고 생각하며 다른 사람들에게 그들의 영원한 운명이 자신을 믿는 데 달려 있다고 말하는 사람이 있다면, 그는 거의 있을 수 없는 망상에 빠진 미치광이일 것이다."

"그러나 그의 주장이 사실이라면, 그는 구주이시며 하나님이시다. 여기에도 우리에게 두 가지 선택이 있다. 하나는 우리가 그를 구주와 주님으로 받아들이는 것이고, 또 하나는 그를 거절하는 것이다."

"우리가 본 증거에 의하면 예수님이 하나님이라고 믿는 것이 가장 합리적이다. 그가 하나님이라면, 이제 우리들에게 그가 필요한 이유를 생각해 보자."

4. 왜 우리는 예수님이 필요한가?

로마서 3:23; 6:23

1) "모든 사람이 죄를 범하였으매 하나님의 영광에 이르지 못하더니(롬 3:23)"
"죄의 삯은 사망이요 하나님의 은사는 그리스도 예수 우리 주 안에 있는 영생이니라" (롬 6:23)
이 구절에 의하면, 당신은 인간의 딜레마를 어떻게 설명하겠는가?

모든 사람은 죄인이며, 하나님의 완전한 기준에 도달할 수 없다. 인간의 죄에 대한 대가는 죽음이다.

2) 로마서 6장 23절에서 죽음은 육체적인 죽음뿐만 아니라 영적인 죽음까지도 의미한다. 영적인 죽음은 하나님으로부터의 분리와 그가 주신 생명으로부터의 분리를 뜻한다.
하나님과 분리된 사람들이 체험할 수 있는 것 혹은 체험할 수 없는 것은 무엇인가?

그는 죄 때문에 죄책감을 체험하며, 하나님과의 분리로 인해 불안과 외로움을 느낀다. 그는 하나님과의 관계가 끊어졌기 때문에 그의 삶에서 하나님의 최선을 체험할 수 없다. 이 선물로 주시는 풍성한 삶을 살 체험할 수 없다.

명료하게 하는 질문

요한복음 10:10하를 참조하라.

(1) 하나님으로부터 분리된 사람들이 사는 삶은 어떠한가?

(2) 그리스도가 주신 삶은 어떠한가?

로마서 5:6~10

3) 사도 바울은 그리스도인이 되기 이전과 이후를 어떻게 묘사했는가?

- 이전 : 무기력한 자, 경건치 못한 자, 죄인, 하나님의 진노 아래 있는 자, 하나님과 원수 된 자

- 이후 : 의로운 자, 하나님의 진노에서 구원 받은 자, 하나님과 화목하게 된 자, 그리스도의 사심으로 구원 받은 자

의롭게 되었다는 것은 우리의 죄에 대해 무죄를 선고받는 것을 뜻한다. 화목 되었다는 것은 원수 되었던 것에서부터 친구된 것을 뜻한다. 구원받았다는 것은 죽음과 하나님의 진노, 즉 우리의 죄에 대한 형벌로부터 용서받게 된 것을 의미한다.

4) 이 구절에 의하면, 우리를 향한 하나님의 사랑에 대해서 우리가 말할 수 있는 것은 무엇인가?

그리스도는 우리를 위해 죽으심으로 우리를 얼마나 사랑하시는지를 확증하셨다. 그러므로 우리는 의롭게 되었으며(의롭다고 선고받음) 그와 화목하게 되었다. 그는 우리가 사랑을 받을 자격이 없을 때에도 사랑하셨다.

5) “친히 나무에 달려 그 몸으로 우리 죄를 담당하셨으니 이는 우리로 죄에 대하여 죽고 의에 대하여 살게 하려 하심이라 그가 채찍에 맞음으로 너희는 나음을 얻었나니” (벧전 2:24)
“하나님이 죄를 알지도 못하신 이를 우리를 대신하여 죄로 삼으신 것은 우리로 하여금 그 안에서 하나님의 의가 되게 하려 하심이라” (고후 5:21)
이 구절에 의하면, 그리스도가 십자가에서 죽게 된 이유는 무엇인가?

그리스도는 우리의 죄 값을 지불하기 위해 우리를 대신하여 죽으셨다. 그는 십자가에서 우리의 죄 값을 치르셨고, 우리가 받아야 할 죄에 대한 하나님의 심판을 그가 받으신 것이다. 예수님의 죽음은 우리가 그를 믿을 때 죄와 심판으로부터 우리를 자유하게 하신다.

명료하게 하는 질문

(1) 당신이 발견한 다른 사실들이 있는가?
(2) 왜 당신은 그리스도가 죽는 것이 필요하다고 생각하는가?

에베소서 2:8~9

6) 이 구절에 의하면, 우리가 죄의 형벌로부터 구원받을 수 있는 유일한 길은 무엇인가?

우리의 선한 행위로가 아니라 그리스도를 믿음으로 은혜를 입어 구원을 받는다. 은혜란 우리가 사랑을 받을 자격이 없을 때에도 하나님이 우리를 사랑하시는 것을 뜻한다(대가 없이 얻은 사랑).

명료하게 하는 질문

(1) 사람이 그 스스로 구원을 얻기에 충분한 선행을 할 수 있는가?
(2) 에베소서 2장 8~9절의 의미를 당신 자신의 말로 말해 보라.

7) 왜 사람은 행위로 혹은 스스로의 노력으로 구원받을 수 없는가?

의로운 심판이란 법을 어기는 사람에게 벌을 주는 것이다. 로마서 3장 23절에서는 모든 사람이 죄를 범했다고 말하고 있다. 또한 로마서 6장 23절에서는 죄의 대가는 죽음이라고 말한다. 죄를 지은 사람은 죽음으로만 죄의 값을 치룰 수 있다. 선한 행동이나 다른 어떤 노력을 하는 것이 자신의 죄에서 벗어날 수 있는 길이 아니다. 그러므로 우리는 의로운 심판을 하시는 하나님 앞에서 책임을 져야 한다. 죽음 외에는 구원을 받을 수 있는 방법이 없다.

말하라

"이제 우리는 어떻게 믿음을 가질 수 있는지, 어떻게 그리스도를 신뢰할 수 있는지 생각해보자."

5. 어떻게 그리스도를 믿을 수 있는가?

에베소서 2:8~9

1) 이 구절은 우리가 그 은혜를 인하여 믿음으로 말미암아 구원받는다고 말한다. 당신은 예수 그리스도를 믿는다는 것의 의미를 무엇이라고 생각하는가?

예수 그리스도를 믿는다는 것은 예수님이 우리 대신 죽으셨고 그로 인해 우리의 모든 죄가 용서받았다는 것을 믿는 것이다. 뿐만아니라 그가 하나님이라고 주장했던 것을 믿고, 그가 죽었다가 살아나셨으며, 현재도 살아계시고, 우리들의 삶 속에 들어오실 수 있으며, 우리들의 죄를 용서하시는 것을 믿는 것이다. 우리를 죄로부터 자유하게 하시며 풍성한 삶을 살게 하심을 믿고 누리는 것이다.

말하라

"스스로에게 물어 보자. 예수 그리스도를 진실되게 믿는다 하면서 그의 약속에 대해 신뢰하지 않을 수 있겠는가?"
"예수님이 아직까지 그를 믿지 않는 모든 사람들에게 약속하신 것들을 보자."

2) "볼지어다 내가 문 밖에 서서 두드리노니 누구든지 내 음성을 듣고 문을 열면 내가 그에게로 들어가···" (계 3:20)
우리들의 할 일은 그를 믿고 우리 마음의 문을 여는 것이다. 그리스도의 약속은 우리가 그를 초청하면 우리 속에 들어오신다는 것이다. 우리는 의지적 행동인 믿음을 통해서 조건 없이 우리의 죄를 용서해주시는 그리스도의 은혜를 받아들일 수 있다. 우리는 영접할 것인가, 아니면 그의 약속을 거절할 것인가를 선택해야 한다.

말하라

"에베소서 2장 8~9절에서는 우리가 그의 은혜를 인하여 믿음으로 말미암아 구원을 얻는다고 말한다. 기도는 믿음을 표현하는 하나의 방법이다. 지금 그리스도에 대한 믿음을 표현하는 기도를 읽어보자."

3) 영접 기도
"주 예수님, 나는 주님을 믿고 싶습니다. 십자가에서 죽으심으로 내 죄 값을 담당하시니 감사합니다. 지금 나는 내 마음의 문을 열고 예수님을 나의 구주, 나의 하나님으로 영접합니다. 나의 죄를 용서하시고 영생을 주심을 감사합니다. 나를 다스려 주시고, 나를 주님이 원하시는 사람으로 만들어 주옵소서. 예수님의 이름으로 기도합니다. 아멘"

4) 만일 누군가가 진실된 마음으로 이 기도를 한다면 무슨 일이 일어날 것이라고 생각하는가?

약속하신 대로 그리스도께서 그 사람 안에 들어오시며 그의 모든 죄는 용서를 받게 될 것이다.

관련지어 말하라

"여기 있는 사람 중에 그리스도를 믿을 수 있는 기회를 가진 적이 없었던 사람이 있을 것이다. 또는 그리스도가 자신의 삶 속에 계신 것을 확신하지 못하는 사람도 있을 수 있다. 지금 잠시 그런 사람들을 위해 그리스도를 구주와 주님으로 영접할 기회를 주려고 한다. 내가 소리 내어 기도문을 읽을 때 나를 따라 마음속으로 기도하면 그리스도를 마음속에 영접할 수 있다. 기도는 믿음을 표현하는 방법이다."

기도를 인도하고, 기도 후에 다음과 같이 말하라

"지금 기도로 그리스도가 내 삶에 들어오시도록 초청했다면 그리스도가 들어오셨을 것이다. 어떻게 그리스도가 내 중심에 계신 것을 알 수 있는지 마지막 질문에 답해 보자."

5) 요한계시록 3장 20절에 의하면, 당신은 그리스도가 당신 안에 들어와 계심을 어떻게 알 수 있는가?

그는 내가 마음의 문을 열 때 들어오시겠다고 약속하셨다. 그의 말씀의 신실성에 근거해서 알 수 있다.

말하라

"다음 주에는 우리가 그리스도를 영접할 때 하나님께서 어떻게 우리를 용서하시며 받아 주시는지를 공부하게 될 것이다."

■ 순장을 위한 제자화 훈련 요령

이것이 당신의 첫 모임인 것을 기억하라. 다음 순모임 전에 순원들 각자와 개인적인 만남을 가지면 순모임을 성공적으로 이끌 수 있을 것이다. 여기에 몇 가지 제안들이 있다.

1. 비공식적인 교제를 위하여 각 순원들을 모이게 하거나 개인적으로 초청하라.
2. 순원들에게 특별한 필요가 있다면, 그들에게 적절한 책 또는 소책자를 주거나 그들을 돕는 방법에 대해 성숙한 그리스도인과 상담하라.
3. 그들이 그리스도인들로부터 관찰하고 배울 수 있는 좋은 교회나 그 밖의 장소에서 이루어지는 그리스도인들의 교제를 소개하도록 하라.

아시아와 라틴 아메리카의 여러 나라에서는 모임의 인도자들이 일주일에 하룻밤은 그들의 순원과 함께 보내기 위해 순원들을 초대한다. 그들은 밤에 찬양하고 기도하고 하나님 말씀을 공부하며 서로 교제한다. 한국 대학생선교회의 대표였던 故 김준곤 목사는 "만일 내가 그리스도를 영접한 어린 그리스도인과 함께 100시간을 보낸다면, 그는 그리스도의 제자가 될 것이다."라고 말했다. 그의 말은 새로 태어난 그리스도인과 계속 교제를 가지며 하나님의 말씀을 지속적으로 가르치는 것을 강조하는 것이다. 일주일에 하루 저녁을 제자화 순원들과 함께 보내는 것은 상당한 효과를 가져올 것이다.

평신도들과의 사역을 하는 데 있어서도 한 달 또는 두 달에 한 번 밤에 함께 모여 기도하며 교제하는 것은 여러 차례의 순모임보다 더 많은 효과를 가져올 수 있다.

과 제 "다음 순모임 전까지 여러분은 신앙개념(TC) 제1권(그리스도인임을 확신하는 방법)을 읽고 중요한 부분들에 밑줄을 그으라. 그리고 신앙개념에 있는 토의 문제를 풀어보라. 만일 신앙개념에 대한 질문이 있다면 다음 순모임을 시작할 때 그것들을 토의하자."

점검 Point

1. 사영리 소개 및 실습

1) 사영리와 그 사용법에 대해 이해하기
2) "사영리 소개하는 방법"을 둘씩 짝지어 연습하기
3) 연습한 대로 전도하며 실습해보기

*순장NOTE APP을 통해 자세한 내용을 확인하세요.

02

하나님과 우리의 새로운 관계

신앙 생활을 하는데 있어서 가장 중요한 것은
하나님이 우리를 용서하셨고
우리를 자녀 삼으셨다는 사실을 아는 것이다.

준비

ㅇ 개인 점검

이 과는 믿는 자들로 하여금 하나님이 그를 자녀 삼으셨고 그에게 영생을 주신 사실을 이해하도록 구성되어 있다. '칭의'와 '은혜'를 간단하게 설명하라. 칭의에 있어서 중요한 것은 우리가 그리스도를 믿을 때 하나님이 그리스도의 의를 우리에게 적용하신다는 것에 있다. 만일 당신이 이 개념을 이해하지 못한다면 반드시 성숙한 그리스도인을 찾아가서 그의 설명을 듣거나 아래에 제시된 참고 자료들을 읽도록 하라.

당신이 각 질문의 대답을 완전히 이해하도록 하고, 필요하다면 명료하게 하는 질문의 사용법을 알아두라.

※ 주의: 당신은 순장 지침란에서 '참조하라'라는 지시를 발견할 것이다. 이는 순장들이 연구하고 준비하는 것을 돕기 위한 특별한 자료이다. 필요하다면 그것들을 실제 순모임에서 소개할 수 있다.

ㅇ 참고 자료

신앙개념(TC) 제2권 '하나님의 사랑과 용서를 체험하는 방법'

성경공부 개요

1. 의심 많은 신자 이야기

2. 하나님과 우리의 새로운 관계는 믿음으로 이루어진다.

   히 11:6; 렘 29:11~13; 계 3:20

3. 하나님과 우리의 관계는 전적인 죄 사함의 관계이다.

   골 2:13, 14

4. 하나님과 우리의 관계는 화목된 관계이다.

   롬 5:1, 2, 8~11

5. 하나님과 우리의 관계는 영원한 것이다.

   요일 5:11~13

점검 Point

1. 사영리를 전할 때 여러 가지 반응에 대처하는 방법

   1) 사영리 9쪽의 첫 번째 질문에 대한 반응들을 다루는 방법을 이해하고 둘씩 짝지어 연습하기
   2) 사영리 9쪽의 두 번째 질문에 대한 반응들을 다루는 방법을 이해하고 둘씩 짝지어 연습하기
   3) 사영리 10쪽의 기도문에 대한 여러 반응을 다루는 방법을 이해하고 둘씩 짝지어 연습하기
   4) 위의 방법들을 전도하며 실습해보기

02

하나님과 우리의 새로운 관계

개관목적 하나님과의 관계를 확신하며, 영생을 얻은 것과 자신의 모든 죄가 용서된 것을 알게 하는 것이다.

학습목표

1. 그리스도가 자신 안에 살아 계심을 어떻게 알 수 있는지를 설명할 수 있다.
2. 자신의 죄가 모두 용서받았음을 어떻게 알 수 있는지를 설명할 수 있다.
3. 영원한 생명을 얻었음을 확신하는 방법을 설명할 수 있다.
4. 죄를 지었을 때 하나님은 진노하심으로 다루시지 않는다는 것을 어떻게 알 수 있는지 설명할 수 있다.

1. 의심 많은 신자 이야기

오랫동안 많은 죄를 짓고 하나님께 반항하며 살아온 한 사람이 있었다. 그는 그리스도인이 된 후 하나님이 주시는 여러 가지 은혜를 경험했다. 그러나 그는 과거를 회상하며 가끔 죄의식에 깊이 사로잡히곤 했다.

"그리스도가 정말 내 중심에 들어오셨을까?"하고 여러번 의심했다. 그렇게 의심은 증가되었고, 그는 "아마도 나는 용서받지 못했어. 정말 내가 하나님의 자녀가 되었을까?"하고 말하게 되었다. 그는 점점 하나님과의 관계를 발전시키는 모든 시도를 중단했고, 그는 단지 특별한 사람만이 그리스도가 계획하신 풍성한 삶을 누리는 것이라고 확신하기에 이르렀다. 그는 그가 범죄했을 때 하나님이 자기에게 행하실 것을 두려워하며 일생을 마쳤다.

관련지어 말하라

"이 이야기는 오늘날의 대부분의 그리스도인들을 잘 묘사하고 있다."

1) 당신은 이 사람이 하나님과 잘못된 관계를 가지게 된 중요한 이유가 무엇이라고 생각하는가?

그의 문제의 원인은 그리스도가 그의 삶 속에 들어오셨고 그의 죄를 용서하셨다는 사실을 믿지 못하고 의심한 것에 있었다. 그 의심은 곧 하나님과의 관계를 세우기 위한 그의 동기와 확신을 망가뜨렸다.

명료하게 하는 질문

(1) 그 외의 다른 의견이 있는가?

(2) 그가 이해하지 못했던 그와 하나님과의 관계는 무엇인가?

2) 하나님이 이 사람의 믿음이 점점 약해지는 것을 보셨을 때 어떻게 느끼셨다고 생각하는가?

하나님은 그가 믿지 못하는 것을 안타까워하시고 실망하셨을 것이다. 하나님은 그를 사랑하셨고 그와 교제하기를 원하셨다.

명료하게 하는 질문

(1) 당신은 하나님이 이 사람과의 관계에서 무엇을 원하셨다고 생각하는가?

(2) 하나님이 이 사람과 의미 있는 관계를 성숙시켜 나가기를 원하셨다고 생각하는가?

"많은 그리스도인들이 말씀대로 하나님을 인정하지 않기 때문에 풍성한 삶을 체험하지 못한다. 어떤 사람들은 하나님과 그들과의 관계가 하나님의 약속에 근거한다는 것을 깨닫지 못하기 때문에 그것을 확신하지 못한다. 우선 그리스도가 우리 마음과 생활 속에 계신 것을 어떻게 확신할 수 있는지를 생각해보자."

2. 하나님과 우리의 새로운 관계는 믿음으로 이루어진다.

히브리서 11:6

1) 히브리서 11장 6절에서 믿음에 관해 우리가 알 수 있는 것은 무엇인가?

믿음이 없이는 하나님을 기쁘시게 할 수 없다. 하나님을 알고 이해하기 위해서는 하나님이 계신 것과 하나님은 그를 찾는 자들에게 상 주시는 분이심을 믿어야 한다.

“여호와의 말씀이니라 너희를 향한 나의 생각을 내가 아나니 평안이요 재앙이 아니니라 너희에게 미래와 희망을 주는 것이니라 너희가 내게 부르짖으며 내게 와서 기도하면 내가 너희들의 기도를 들을 것이요 너희가 온 마음으로 나를 구하면 나를 찾을 것이요 나를 만나리라” (렘 29:11~13)

설명하라

“하나님의 존재를 믿는 사람은 하나님이 자기를 찾는 자들에게 상 주시는 분이시라는 것을 알아야 한다. 또한 그에 대한 하나님의 계획은 좋은 것이며 그의 행복을 위한 것임을 이해해야 한다.”

2) 앞의 이야기에서 의심 많은 사람이 히브리서 11장 6절과 예레미야 29장 11~13절의 믿음에 관한 말씀을 이해하지 못한 것은 무엇인가?

그는 하나님을 믿지 않았다. 그는 하나님이 자기와의 관계를 성숙시키기 위해 자기를 찾는 자들에게 상 주시는 분임을 믿지 않았다.

3) 요한계시록 3장 20절에 의하면, 사람은 믿음을 어떻게 표현할 수 있는가?

“볼지어다 내가 문 밖에 서서 두드리노니 누구든지 내 음성을 듣고 문을 열면 내가 그에게로 들어가 그와 더불어 먹고 그는 나와 더불어 먹으리라” (계 3:20)

그는 자신의 마음 문을 열고 자신의 죄를 용서해 주시도록 그의 마음과 생활 속에 그리스도를 초청할 수 있다. 그때 그는 그리스도가 그의 약속을 지키심을 믿을 수 있다.

4) 우리가 진실되게 우리의 믿음을 그리스도에게 표현했고 우리의 죄를 용서해주실 것과 우리의 중심에 들어오실 것을 그리스도께 간구했다고 가정해보자. 그때 그리스도께서 우리의 죄를 용서해주신 것과 그가 우리의 마음 중심에 들어오신 것을 어떻게 확신할 수 있는가?

우리는 하나님의 약속 때문에 확신할 수 있다. 하나님과 하나님의 약속이 우리 믿음의 신실한 대상이다. 하나님은 속이시지 않는다.

관련지어 말하라

"우리가 신실하게 그리스도를 우리 삶에 초청했을 때 우리는 그가 약속한 대로 그리스도가 우리 안에 계심을 확신할 수 있다. 그러한 확신을 가졌을 때 우리는 하나님과의 의미있는 관계를 성숙시켜 나갈 수 있다."

"우리가 하나님과의 관계로부터 오는 기쁨과 은혜를 얻기 위해서는 우리의 죄가 전적으로 용서받았다는 사실을 또한 깨달아야 한다. 그렇지 않으면 과거의 죄들에 대한 죄의식을 계속 느끼게 될 것이다. 하나님이 우리의 죄에 대해 행하신 것들을 말씀에서 찾아보자."

3. 하나님과 우리의 관계는 전적인 죄 사함의 관계이다.

골로새서 2:13~14

1) 이 구절에 의하면, 하나님은 우리의 죄를 어떻게 하셨는가?

그는 우리의 모든 죄를 용서하셨다. 그는 법조문에 쓴 증서, 즉 우리가 율법을 다 지키지 못하여 우리를 죄인이라고 말하는 율법의 채무 증서를 지우시고 십자가에 우리의 죄를 못 박으셨다. 그는 우리의 모든 죄의 대가를 지불하셨다.

2) 그리스도가 십자가에서 죽으셨을 때 아직 태어나지도 않은 당신의 죄는 얼마나 용서받았는가?

약 2,000년 전에 그리스도께서 십자가에 죽으셨을 때 우리의 모든 죄는 용서받았다.

관련지어 말하라

"히브리서 10장은 그리스도께서 우리를 위해 십자가에서 죽으셨을 때 우리의 모든 죄가 그리스도의 십자가의 대가로 용서받았음을 말해 준다. 우리의 죄에 대한 대가는 영원한 것이다."

"우리의 모든 죄가 용서받았으므로 우리는 하나님을 두려워하며 살지 않는다. 의심 많은 신자의 이야기를 기억하는가? 그는 하나님이 그가 지은 죄에 대해 벌하실 것에 대한 두려움으로 일생을 마쳤다. 하나님과 우리와의 새로운 관계가 화목된 관계임을 말해주는 성경 구절들을 찾아보자."

4. 하나님과 우리의 관계는 화목된 관계이다.

로마서 5:1~2, 8~11

1) 이 구절에서 하나님의 말씀은 우리를 어떻게 묘사하고 있는가?

우리는 의롭다 함을 얻었다. 우리는 하나님과 화평을 누린다. 우리는 은혜 아래 있다. 우리는 하나님의 영광을 바라고 즐거워 한다. 우리는 죄인들이다. 우리는 하나님으로부터 사랑을 받았다. 우리는 하나님의 진노하심으로부터 구원을 얻었다. 우리는 하나님으로 더불어 화목되었다. 그리스도가 살아나심으로 우리는 구원을 얻었다.

말하라

"여기에 여러분이 이해하기 어려운 단어들이 있다. 그 단어의 의미를 알면 여러분은 이 구절을 좀 더 잘 이해할 수 있을 것이다."

"칭의(1, 9절): 간단히 말해서 이 단어는 재판관이 '죄가 없다'하고 말할 수 없을 때 그 죄에 대하여 무죄를 선언 받았다는 것을 뜻한다. 그리스도가 우리의 죄에 대한 값을 치르셨기 때문에 우리는 무죄를 선언 받았다."

"은혜(2절): 하나님으로부터 우리가 감히 받을 수 없는 호의 혹은 선물을 받는 것을 의미한다."

"화목(10절): 당신은 몇 년 동안이나 나쁜 감정으로 서로 말을 하지 않았던 두 친구가 화해했을 때 사용되는 이 낱말을 들어 본 적이 있을 것이다. 화목이란 우정이 회복되는 것을 뜻한다. 10절이 우리에게 말해 주는 것처럼 우리들은 하나님의 원수들이었다. 그러나 지금 우리는 화목되었다."

2) 로마서 5장 8~11절에서는 하나님과 우리의 과거, 현재, 미래의 관계를 어떻게 묘사하고 있는가?

- **확증하셨다(8절)**: 현재 시제인데, 그리스도의 죽음이 항상 우리를 사랑하시는 하나님의 사랑을 계속 증거한다는 것을 나타낸다.
- **이제 의롭다 하심을 얻었다**: 현재 시제이며 과거 시제이다. 즉, 그리스도를 영접한 과거의 행동이 우리들로 하여금 의롭다 함을 얻게 하는 원인이 된 것과 사실상 칭의가 현재까지 남아 있음을 의미한다.
- **우리들이 진노하심에서 구원을 얻을 것이요(9절)**: 미래 시제이지만 우리의 과거와 현재의 관계에도 영향을 미친다.
- **원수되었다(10절)**: 예수님을 믿기 전에 우리는 하나님과 원수 관계였다.
- **화목하게 되었다(10절)**: 과거 시제이다. 화목되었다는 것은 현재와 미래까지에도 계속적으로 영향을 미치는 과거의 행동이다. 하나님은 우리들을 원수에서 친구로 변화시켰을 뿐만 아니라 그 변화를 영원한 것으로 보장하셨다.
- **그의 사심을 인하여 구원을 얻을 것이다(10절)**: 미래 개념이다. 이 구절은 그리스도의 죽음이 우리를 하나님의 진노에서 구원하셨을 뿐만 아니라 또한 그리스도의 부활의 생명이 현재의 삶과 계속되는 미래의 삶 속에서 우리를 구원하시는 것을 의미한다. 요한일서 2:1, 2은 그리스도는 하늘에 계신 우리들의 개인적인 변호사와 같아서 사단이 하나님 아버지 앞에서 우리를 고소할 때 계속해서 우리를 위해 대언하신다고 설명한다.
- **하나님 안에서 또한 즐거워한다(11절)**: 현재 시제이다. 하나님의 속성과 그가 우리를 위해 해 오신 일들로 인해 우리는 하나님 안에서 즐거워한다. 이것은 우리를 위해 하나님의 행하신 일을 증거하는 것이다.
- **이제 우리로 화목하게 하셨다(11절)**: 현재 개념이다. 우리들이 계속적으로 하나님의 사랑과 인정을 받는 상태를 말해준다.

말하라

"여러분이 발견한 것들을 이야기할 때 하나님과 우리의 관계에 있어서 그것들의 의미까지 이야기해보자."

"이와 같은 원리들은 우리가 하나님과 흔들리지 않는 확실한 화목된 관계를 맺고 있음을 말해주고 있다."

3) 당신이 하나님의 진노와 형벌의 두려움 속에서 살며 끊임없이 죄의식에 사로잡혀 있는 한 친구와 이야기한다고 가정해보자. 지금까지 토의한 것들로부터 당신은 그 친구에게 무슨 말을 해주겠는가?

나는 그에게 그와 하나님과의 관계가 확실한 것임을 말해주겠다. 즉, 그것은 사랑의 관계라고 말하겠다. 우리들은 은혜 아래 있음을 성경(로마서 5장)을 통하여 그에게 보여주겠다. 나는 우리가 죄를 지었을 때 마땅히 치러야 할 죄의 대가를 그리스도가 치르셨기 때문에 우리는 죄의 대가를 치르지 않아도 된다는 것을 설명하겠다. '칭의'라는 것은 하나님이 그에게 '죄가 없다'고 선언하신 것을 의미한다고 설명하겠다.

4) 당신이 친구에게 그리스도의 은혜와 사랑을 설명한 후에 그 친구가 "오, 멋진데! 하나님이 내 죄를 용서하실테니 내가 원할 때면 언제나 죄를 지을 수 있다는 뜻이군." 하고 말했다고 가정해보자. 당신은 그 친구에게 무슨 말을 하겠는가? 로마서 6장 1~2절, 요한복음 14장 15절, 요한일서 3장 9절을 읽으라.

그렇지 않다. 하나님이 우리의 죄를 용서하신다는 것은 우리에게 죄를 짓도록 허락하는 것을 의미하는 것이 아니다. 하나님은 죄에 대해 무관심하지 않으시다. 우리가 하나님을 사랑한다면 그의 명령을 지킬 것이라고 성경은 말하고 있다. 성경은 또한 하나님께로서 난 자마다 계속해서 죄를 범하지 않는다고 말한다.

관련지어 말하라

"요한일서 1장 7~9절은 죄를 지은 그리스도인은 어두움 가운데서 행하며 하나님과의 사귐에 방해를 받는다고 암시하고 있다."

"우리가 의도적으로 죄를 짓지 않는 또 하나의 이유는 그 죄의 결과들을 우리가 겪어야 하기 때문이다. 하나님이 우리의 죄를 용서하신다 할지라도 보통 그 결과들을 제거하시지는 않는다."

가교

"이제 우리는 하나님이 전적으로 우리를 사랑하시며 우리의 모든 죄를 용서해주신 것을 알았다. 그러면 영생을 소유한 것을 아는 방법을 설명하는 성경 구절을 찾아보자."

5. 하나님과 우리의 관계는 영원한 것이다.

요한일서 5:11~13

1) 이 구절들은 영생에 관하여 무엇을 말하고 있는가?

하나님이 우리에게 영생을 주셨다. 영생은 그리스도 안에 있고, 만일 그리스도인이라면 그는 또한 영생을 소유하고 있다. 그리스도가 그 안에 없는 사람은 영생도 없다. 우리는 그리스도를 믿을 때 영생도 얻었음을 알 수 있다.

2) 그러면 당신은 자신에게 영생이 있음을 어떻게 아는가?

요한계시록 3장 20절에 있는 그의 약속에 따라 그리스도가 내 안에 계시므로 내게 영생이 있음을 알 수 있다. 내가 그리스도를 모셨기 때문에 영생 또한 내 안에 있는 것이다.

명료하게 하는 질문

(1) 그 외의 다른 사람의 의견은 어떠한가?
(2) 만일 당신이 그리스도가 당신 중심에 계신 것을 확신한다면 영생을 얻은 것을 또한 어떻게 확신할 수 있는가?

관련지어 말하라

"간단히 복습해보자. 첫째, 우리와 하나님과의 관계는 그를 믿음으로, 즉 우리가 초청하면 들어오시겠다고 하신 그의 약속을 믿음으로 세워지는 것이다. 둘째, 하나님은 십자가에서 그리스도를 죽게 하심으로 우리의 모든 죄를 용서하셨다. 셋째, 우리는 하나님과 화목의 관계를 맺었고 그는 결코 우리들에 대해 진노하지 않으신다. 마지막으로 우리는 영원한 생명을 얻은 것을 알 수 있다. 단 하루만 영원한 생명을 갖는다는 것은 불가능한 일이므로 하나님과 영원한 관계를 맺었음을 우리는 확신할 수 있다."
"다음 과에서 우리는 하나님과 우리의 관계 속에서 하나님의 능력으로 살아가는 방법을 토의할 것이다."

■ 순장을 위한 제자화 훈련 요령

자연스러운 상황에서 순원들을 만나라. 시간이 주어질 때마다 그 주간의 행동 지침에 따라 행동하도록 순원들을 도우라.

순원 중의 한 사람이 이번 순모임에 참석하지 않았다면 순원 중 그의 친구 한 사람과 함께 그를 방문하라. 사랑과 관심을 보이라. 제1과에서 순모임한 내용을 나누고 적용 부분을 따라 행동하도록 도우라. 그를 다음 순모임에 참석하도록 격려하라.

순원들과 전도 실천 약속 시간을 정하기 시작하라. 순원들에게 그리스도인이 아닌 친구들을 소개하도록 요청하라. 당신이 순원들의 친구들을 만났을 때는 그들을 순모임에 초청하라. 기회가 생길 때마다 사영리를 소개하라. 당신이 복음을 전할 때 반드시 순원들이 관찰할 수 있도록 하라. 순원들에게도 그가 어떻게 그리스도인이 되었는지를 소개할 수 있는 기회를 주라. 전도는 당신의 제자의 삶에서 영적 성숙을 촉진시키는 가장 좋은 방법 중의 하나임을 기억하라.

점검 Point

1. 사영리를 전할 때 여러 가지 반응에 대처하는 방법

1) 사영리 9쪽의 첫 번째 질문에 대한 반응들을 다루는 방법을 이해하고 둘씩 짝지어 연습하기
2) 사영리 9쪽의 두 번째 질문에 대한 반응들을 다루는 방법을 이해하고 둘씩 짝지어 연습하기
3) 사영리 10쪽의 기도문에 대한 여러 반응을 다루는 방법을 이해하고 둘씩 짝지어 연습하기
4) 위의 방법들을 전도하며 실습해보기

*순장NOTE APP을 통해 자세한 내용을 확인하세요.

03

성령의 능력 안에서 사는 생활

"성령의 능력을 받기 위해서는 나를 다스리시도록
그에게 순복하는 일 외의 다른 할 일이 없다는 것을 알았을 때
그것은 내 인생의 최대의 발견이었다.
나는 모든 것을 내 자신이 하려고 애를 썼다.
그러나 이제 나는 그리스도께서 나를 취하시도록 전적으로 나 자신을 그에게 맡긴다.
그가 나에게서 어떤 일을 원하신다면 그 일을 그가 친히 해주실 것을 요청하게 되었다.
나의 삶은 그 순간부터 변화되었다."

-헨리에타 미어즈

준비

○ 개인 점검

이 과에서 다루는 내용은 아마 당신이 모든 그리스도인에게 전해 주어야 할 가장 중요한 것이다. 이 과는 순원들에게 확신을 줄 수 있도록 구성되었지만, 순장 자신의 개인적 확신과 열정보다 중요한 것은 없다. 얼마 동안 주님과 함께 시간을 보내며 이 과의 진리들을 당신이 진실로 체험할 수 있도록 주님께 요청하라. 그리고 하나님께서 이 순모임을 통해 당신의 순원들을 강하고 온전하게 변화시켜 주시기를 기도하라.

다음 주에 공부할 과도 읽어서 영혼의 호흡이란 주제에서 다루고 있는 내용을 알아 두도록 하라.

○ 참고 자료

신앙개념(TC) 제3권 '성령 충만을 받는 방법'
10단계 성경 교재 제3단계 '성령의 능력을 받으라!'

성경공부 개요

1. 건빵만 먹는 그리스도인 이야기

2. 세 종류의 사람

3. 자신의 노력으로 사는 실패의 삶

   롬 7:14~25; 갈 5:17

4. 자신의 노력으로 사는 실패의 삶에 대한 하나님의 해결책

   갈 5:16; 롬 8:1~4; 엡 5:18~20

5. 성령 충만을 받는 방법

점검 Point

1. 사영리를 통해 구원의 확신을 갖는 방법과 사영리 소개 끝마무리

   1) 사영리 11쪽을 통해 구원의 확신을 갖도록 돕는 방법을 이해하고 둘씩 짝지어 연습하기
   2) 사영리 소개 끝마무리하는 방법을 이해하고 둘씩 짝지어 연습하기
   3) 위의 방법들을 전도하며 실습해보기

03

성령의 능력 안에서 사는 생활

개관목적 성령 충만 받는 방법을 알게 하고, 성령 충만 받는 기회를 주는 데 있다.

학습목표
1. 성령 충만 받는 것이 승리하는 그리스도인의 삶을 사는 데 있어서 필수적인 이유를 말할 수 있다.
2. 성령 충만을 받기 위한 명령과 약속을 설명할 수 있다.
3. 성령 충만을 받기 위해 믿음으로 기도하는 방법을 설명할 수 있다.

1. 건빵만 먹는 그리스도인 이야기

어떤 사람이 태평양을 건너기 위해 배표를 예매했다. 그는 배표를 사기에 충분한 돈과 긴 항해를 위한 건빵을 준비했다. 바다에서 처음 며칠은 건빵을 맛있게 먹었지만 점차 싫증이 나게 되었다. 식당 종업원이 다른 손님들을 위해 커다란 고깃 덩이와 새우 요리, 불고

기와 다른 맛있는 음식을 나르는 것을 매일 보면서 그는 몹시 배가 고팠다. 마침내 그는 너무 배가 고파서 식당 종업원 중 한 사람을 불러 세웠다. 그가 "그 불고기 한 접시만 먹을 수 있다면 무슨 일이든 하겠소. 접시도 닦고 방도 치우고 갑판이라도 닦겠소!"라고 말하자 그 종업원은 이렇게 대답했다. "손님은 배표를 사셨잖아요? 그 배표에는 음식 값이 포함되어 있습니다."

관련지어 말하라

"이 사람이 여행의 즐거움을 만끽하지 못한 이유는 자신의 배표에 포함되어 있는 것에 대해 알지 못했기 때문이다. 오늘날 대부분의 그리스도인들은 하나님께서 그들을 위해 마련해주신 엄청난 자원을 깨닫지 못하기 때문에 풍성한 그리스도인의 삶을 경험하지 못하고 있다. 그 결과 그들은 자신의 힘으로 그리스도인의 삶을 살아보려고 애쓴다. 그들은 선을 행하려고 하지만, 그리스도인의 삶의 기준이란 도저히 도달할 수 없는 것임을 깨닫게 된다. 자기의 노력에 의한 그리스도인의 삶이란 살기 어려운 정도가 아니라 전혀 불가능하다. 그리스도인이 그 삶을 살 수 있는 단 한 가지 방법은 그리스도께서 그를 통하여 사시도록 하는 것이다.

가교

"방금 말했던 대로 오늘날 많은 사람들이 그리스도인의 삶을 살아보려고 애쓰지만 좌절하며 패배하고 만다. 성경은 왜 그런지에 대한 이유를 말해주고 있다. 이제 함께 사도 바울이 고린도전서 2~3장에서 묘사한 세 종류의 사람에 대해 알아보자."

2. 세 종류의 사람

1) 자연인(그리스도를 영접하지 않은 사람)

"육에 속한 사람은 하나님의 성령의 일들을 받지 아니하나니
이는 그것들이 그에게는 어리석게 보임이요,
또 그는 그것들을 알 수도 없나니 그러한 일은 영적으로 분별되기 때문이라"
(고전 2:14)

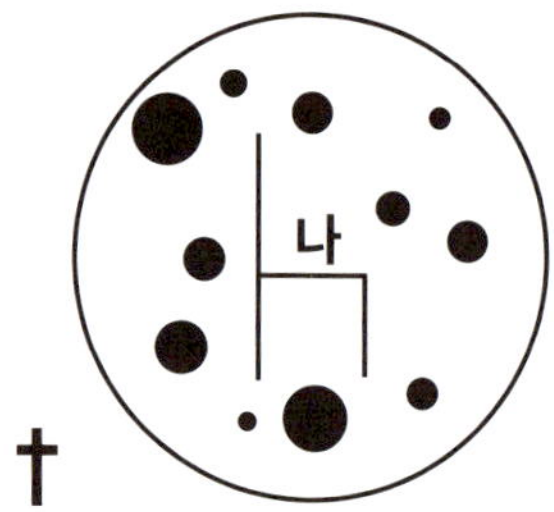

2) 성령의 사람(성령의 인도와 능력을 받는 사람)

"신령한 자는 모든 것을 판단하나
자기는 아무에게도 판단을 받지 아니하느니라"
(고전 2:15)

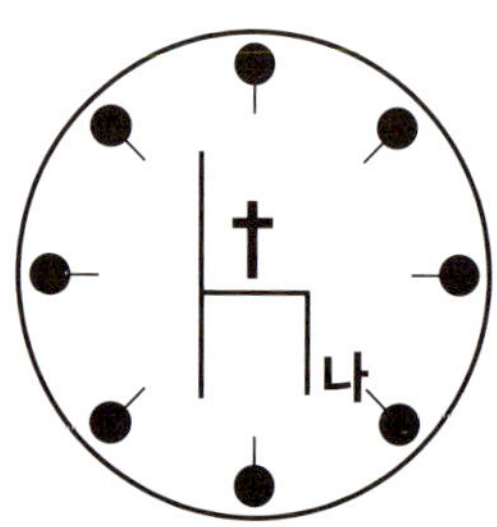

<하나님을 전적으로 신뢰하는 사람의 특성>

그리스도 중심	사랑
성령의 권능을 받음	희락
다른 사람을 그리스도께 인도	화평
응답받는 기도 생활	인내
하나님의 말씀을 깨달음	자비
하나님을 신뢰	풍성
하나님께 순종	양선

3) 육적인 그리스도인(그리스도를 영접했으나 자기 힘으로 신앙 생활을 하려고 하기 때문에 패배하는 사람)

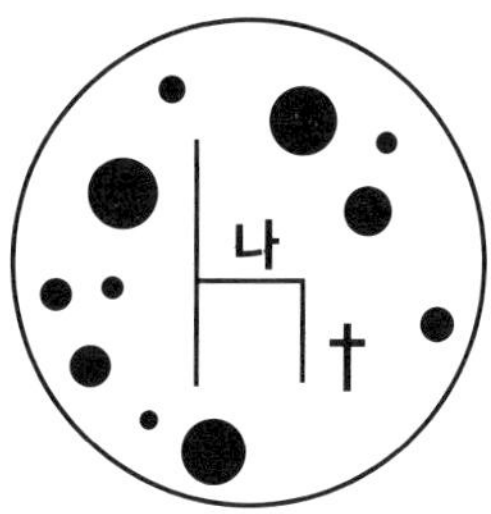

<하나님을 전적으로 신뢰하지 않는 사람의 특성>

영적 유산에 대한 무지	율법적 생각
불신앙	더러운 생각
불순종	시기, 죄책감
하나님과 이웃에 대한 사랑을 잃음	근심, 걱정
기도를 게을리 함	낙심
성경 공부에 대한 열이 식음	비평하는 태도

설명하라

"육적인 그리스도인은 자기 힘으로 신앙 생활을 하려고 하기 때문에 패배하고 만다. 자신의 죄를 고백하기를 거부하고 자신이 자신의 삶을 지배하게 되면 그는 육적인 그리스도인이 된다."

가교

"우리 자신의 노력으로 사는 삶이 어떤 것인지를 보여주는 성경 구절을 찾아보자. 사도 바울이 기록한 이 구절은 그리스도인이 자신의 힘에 의지하여 신앙 생활을 하는 것이 어떤 것인지 말해주고 있다."

3. 자신의 노력으로 사는 실패의 삶

로마서 7:14~25

1) 바울은 선을 행하기 원하는 자신에게 어떤 일들이 일어난다고 하는가?

그는 자신이 하고 있는 것을 이해할 수가 없다. 선을 행하고 싶으나 그것을 하지 못한다. 오히려 그는 원치 않는 일들을 하고 있다. 자신의 행동이 잘못되었으며 하나님의 뜻에 어긋나는 욕구를 갖고 있음을 인정한다. 그는 자신을 비참한 사람으로 느낀다.

명료하게 하는 질문

(1) 바울은 어떤 말로 자신의 상태를 묘사하고 있는가?
(2) 그는 자신이 원하는 바에 대해 무엇이라고 말하고 있는가?
(3) 바울은 자신이 원하는 삶을 살고 있는가? 왜 그런가 혹은 왜 그렇지 않은가?

2) 이런 모순에 대한 이유를 바울은 무엇이라고 하는가?

그는 육신에 속하여 죄 아래 팔렸다. 선한 것이 그의 육신에 거하지 않고 죄가 그 안에 거한다. 그는 하나님의 법을 따르려고 하지만, 그의 육신에 또 다른 법이 있어 그의 마음의 법과 싸움을 일으킨다. 그는 그의 지체 속에 있는 죄의 법 아래 사로잡힌다.

명료하게 하는 질문

(1) 다른 사람들은 어떻게 생각하는가?
(2) 바울은 자신의 모순에 대한 원인을 어떻게 묘사하고 있는가?
(3) 바울은 22~24절에서 자신의 모순에 대해 어떻게 말하고 있는가?

관련지어 말하라

"바울이 자신에 대해 말하고 있는 것 중의 하나는 자기 안에 악이 거한다는 것이다(21절). 믿는 자 안에 악을 행하려는 욕구가 있다는 사실은 신약 성경 전체를 통해 볼 수 있다. 예를 들어, 갈라디아서 5장 17절을 찾아보자."

3) 갈라디아서 5장 17절과 로마서 7장 사이에는 어떤 유사점들이 있는가?

"육체의 소욕은 성령을 거스르고 성령은 육체를 거스르나니 이 둘이 서로 대적함으로 너희가 원하는 것을 하지 못하게 하려 함이니라" (갈 5:17)

두 성경 말씀 모두 우리는 우리가 원하는 것을 할 수 없으며, 우리 안에는 계속 영적인 싸움이 있다고 말한다.

설명하라

"육체의 소욕은 그리스도를 영접한 후에도 계속적으로 악을 행하려고 하는 우리 안의 죄의 본성을 말한다. 악을 행하고자 하는 욕구는 여러 가지로 표현된다. 속에 거하는 죄(17, 20절), 악의 법(19, 21절), 내 지체 속의 한 다른 법(23절), 죄의 법(23, 25절)."

"갈라디아서 5장 17절과 로마서 7장에서 바울은 그리스도인이 세상에서 사는 한 그 안에서 계속되는 영적 싸움이 있다고 말한다. 그 싸움은 맹렬하여서 자기 힘으로 육신을 이기고 그리스도인의 삶을 살고자 하면 그 사람은 패배할 수밖에 없다."

4) 하나님께서 당신이 당신의 노력에 의한 실패의 삶을 사는 것을 원치 않으시는 이유가 무엇인지 말해보라.

하나님은 나를 사랑하셔서 내게 최선의 것을 주시기를 원하신다. 만일 내가 내 자신의 힘으로 산다면 하나님께 순종하는 일은 불가능하다. 하나님은 내가 죄와 불순종의 삶을 사는 것을 원치 않으시기 때문에 내 노력으로 살아가는 것을 원치 않으신다.

4. 자신의 노력으로 사는 실패의 삶에 대한 하나님의 해결책

갈라디아서 5:16; 로마서 8:1~4

1) 이 구절에서 말하는 실패의 삶에 대한 하나님의 해결책은 무엇인가?

성령 안에서 행하면 우리는 그 법을 성취할 수 있다. 성령을 좇아 행하는 것이다.(갈 5:16).

명료하게 하는 질문

(1) 다른 사람은 어떻게 생각하는가?

(2) 로마서 8장 4절에서는 무엇이라고 말하는가?

말하라

"그러면 성령 안에서 생활할 수 있는 방법에 관한 성경 구절을 찾아보자."

에베소서 5:18~20

2) 에베소서 5장 18절에서 우리는 성령의 충만함을 받도록 명령받았다. 5장 19~20절에서는 성령의 충만함을 받은 삶의 특징을 묘사한다. 성령 충만한 그리스도인과 자신의 노력으로 살려고 애쓰는 사람(롬 7장) 사이에서 어떤 차이점들을 발견할 수 있는가?

자신의 노력으로 살려는 그리스도인은 무기력하여 패배한다. 성령 충만한 사람은 기쁨과 감사를 경험하며, 그의 마음속에 주님께 드리는 찬양이 넘친다.

3) 바울은 술 취함과 성령 충만함을 대조하고 있다. 이 대조는 성령충만이 의미하는 바를 우리가 이해하는 데 어떤 도움을 주는가?

사람이 술 취했을 때 그는 술의 지배를 받고 그것으로 인한 몇 가지 결과를 초래한다. 사람이 성령의 충만을 받으면, 성령이 그를 지배하며 능력을 주어 그리스도께서 그에게 원하시는 삶을 살 수 있게 한다. 그는 자신의 능력으로는 그와 같은 삶을 살 수 없다.

명료하게 하는 질문

(1) 또 다른 의견이 있는가? 바울은 왜 성령 충만한 상태와 술 취한 상태를 대조했는가?
(2) 술 취한 사람과 성령 충만을 받은 사람 사이에는 어떤 유사점들이 있는가?

4) 그러면 성령 충만을 받는다는 것의 의미는 무엇이라고 생각하는가?

그것은 우리가 그리스도께서 원하시는 삶을 살 수 있노록 성령의 지배와 능력을 받는 것을 의미한다.

설명하라

"어떤 사람이 그리스도를 영접했을 때 성령은 그의 안에 들어와 거하시게 된다. 모든 그리스도인 안에 성령이 거하지만 모든 그리스도인이 다 성령으로 충만한 것은 아니다."
"우리는 의지의 행위인 믿음으로 성령의 충만을 받는다. 성령이 우리를 인도하시고, 우리의 삶에 능력을 주시도록 그분께 맡길 때 우리는 우리의 삶에서 육체의 소욕을 이길 수 있다. 성령 충만은 매순간 받아야 한다. '충만함을 받는다'라는 동사는 원어로는 '계속해서 충만함을 받는다'는 뜻이다."

5) '성령 충만을 받는 것'과 '성령 안에서 행하는 것' 사이의 관계는 무엇이라고 생각하는가?

성령 안에서 행하는 것은 오직 순간 순간 성령의 충만을 받아야만 가능하다. 즉, 인도와 능력을 받기 위해 한걸음 한걸음 성령께 의존하는 것이다.

6) 당신이 성령 충만 받는 것이 하나님의 뜻임을 어떻게 알 수 있는가?

그가 에베소서 5장 18절에서 명령하셨다.

말하라

"성령 충만 받는 것이 하나님의 뜻이라면, 이제 어떻게 성령 충만을 받을 수 있는지 살펴보자."

5. 성령 충만을 받는 방법

1) 성령의 인도와 능력을 받기를 간절히 사모해야 한다.

"의에 주리고 목마른 자는 복이 있나니 그들이 배부를 것임이요" (마 5:6)

2) 당신의 고백하지 아니한 모든 죄를 남김없이 고백하라.

"만일 우리가 우리 죄를 자백하면 그는 미쁘시고 의로우사 우리 죄를 사하시며 우리를 모든 불의에서 깨끗하게 하실 것이요" (요일 1:9)

> **관련지어 말하라**
>
> "하나님은 더러운 그릇을 채우시지 않는다. 우리는 죄의 고백을 통해 깨끗하게 될 수 있다. 고백이란 우리의 죄에 대하여 하나님께 **동의**하고, 그리스도가 십자가에서 죽으심으로 나의 죄를 용서해주신 것을 그에게 **감사**하며, 마지막으로 **회개**(죄에서 돌이켜 하나님께로 향하는 것)하는 것을 의미한다.
> 우리가 지난 주에 공부한 바와 같이 하나님께서는 이미 우리를 용서하셨다. 그러나 우리가 우리의 죄를 고백할 때 십자가상에서 이미 용서된 것을 새롭게 체험할 수 있다."

3) 당신 생활의 전 영역을 하나님께 드리라.

"그러므로 형제들아 내가 하나님의 모든 자비하심으로 너희를 권하노니 너희 몸을 하나님이 기뻐하시는 거룩한 산 제물로 드리라 이는 너희가 드릴 영적 예배니라" (롬 12:1)

하나님께서 당신을 성령으로 충만케 하시기 전에 당신 생활의 전 영역을 그분께 드리는 일이 왜 중요하다고 생각하는가?

성령께서는 우리가 삶 전체를 드리기를 원하신다. 만일 우리가 의도적으로 주님께 온전히 맡기지 못한 영역이 있다면 그분은 우리를 채우실 수 없다.

4) 그의 명령과 약속에 따라 믿음으로 성령 충만을 간구하라.

(1) 그의 명령

"술 취하지 말라 이는 방탕한 것이니 오직 성령으로 충만함을 받으라" (엡 5:18)

(2) 그의 약속

"그를 향하여 우리가 가진 바 담대함이 이것이니 그의 뜻대로 무엇을 구하면 들으심이라 우리가 무엇이든지 구하는 바를 들으시는 줄을 안즉 우리가 그에게 구한 그것을 얻은 줄을 또한 아느니라" (요일 5:14~15)

① 요한일서 5장 14~15절은 기도에 관해 무엇을 가르쳐 주는가?

우리가 하나님의 뜻을 따라 기도하면 그가 들으시고 우리의 기도에 응답하신다.

② 우리가 성령 충만 받기를 믿음으로 기도하면 하나님께서 우리의 기도에 응답하시리라는 것을 어떻게 확신할 수 있는가?

하나님께서 그의 뜻을 따라 구하면 들으시겠다고 말씀하셨다. 하나님과 그의 말씀의 신실함을 믿음으로 확신할 수 있다.

③ 우리는 믿음으로만 성령의 충만을 받는다. 기도는 믿음을 표현하는 한 방법이다.

말하라

"많은 사람들이 하나님의 명령과 약속에 대한 믿음을 표현하는 데 사용해 온 다음과 같은 기도를 여러분께 소개하고 싶다."

5) 기도로 당신의 믿음을 표현하라.

"사랑하는 하나님 아버지, 나는 주님이 필요합니다. 주님, 내가 나의 삶을 주관해왔고 그 결과로 주님께 죄를 지었음을 고백합니다. 나를 대신하여 주 예수 그리스도를 십자가에 죽게 하심으로 나의 죄를 용서하여 주셨음을 감사합니다. 주님께서 내 인생의 왕좌를 취하여 주시기를 이제 다시 한 번 기도합니다. 주님께서 성령 충만 받으라고 명령하시고, 믿음으로 구하면 주시겠다고 약속하신 말씀대로 내게 성령으로 충만케 하옵소서. 주님의 성령으로 나를 충만케 하시고 나를 다스리심을 감사하며, 예수님의 이름으로 기도합니다. 아멘"

말하라

"이 기도가 마음에 드는가? 그렇다면 잠시 이 기도를 드리자."
조용히 기도할 시간을 주라.
"기억할 것은 우리가 성령의 충만을 받으려면 성령께서 지적해주는 죄를 남김없이 고백하고 우리 생활의 전 영역을 그리스도께 드려야 한다는 사실이다. 먼저 잠깐 동안 조용히 성령께서 지적해주는 죄를 고백하는 기도를 하자."

"이제 하나님께서 여러분을 충만케 해주시기를 기도했다. 여러분이 성령 충만 받았음을 어떻게 알 수 있는가 생각해보자."
순원 한 사람에게 요한일서 5:14~15을 읽게 하라.

"요한일서 5장 14~15절에서 하나님께서는 그의 뜻을 따라 무엇이든지 우리가 구하면 들어주시겠다고 약속하셨다. 그는 거짓말하지 않으신다. 여러분은 성령 충만 받았음을 감정에 근거해서가 아니라 그의 신실하심을 믿음으로 알 수 있다."
"다음 주에는 우리의 삶에서 어떻게 계속해서 하나님의 사랑과 능력을 체험할 수 있는지에 관해 생각해 보겠다. 이번 주에 가서 신앙개념(TC) 제3권 '성령 충만함을 받는 방법'을 꼭 읽어 오기 바란다."

■ 순장을 위한 제자화 훈련 요령

공통적인 관심을 가질 수 있는 장소에서 순원들과 자연스럽게 계속 만남을 가져라. 개인적인 필요를 충족시킬 수 있는 자리를 마련하라.
순원의 친구들과도 계속 접촉을 가지라. 순원이 그의 친구를 점심이나 다과에 초대하도록 권하라. 이 시간에 당신의 믿음을 그 친구와 나누는 데 사용하라. 순원에게 자신의 짧은 간증을 하게 하여 그도 믿음을 나누는 일에 동참케 하라.
전도 시에 당신과 함께 할 수 있도록 순원들을 초청하라.
이 기초순은 진심으로 자기의 삶을 그리스도께 드리고자 하는 사람들을 찾아내기 위한 여과기 역할을 함을 기억하라. 몇 명이 탈락되기 시작할 때 그들에게 계속적인 관심을 가져야 하겠지만, 그리스도께서 지상에 계실 때도 많은 사람이 그를 떠났던 사실을 상기하라. 순모임에 나오지 않는 사람들이 나올 수 있도록 계속 격려하라. 그들에게 읽을거리를 주고 그리스도인 모임에 초청하여 당신의 사랑을 보여주라. 때때로 방문하라. 그러나 실망해서는 안 된다. 어떤 순장은 두세 개의 순으로 출발하여 그 중 주님을 향한 진실 된 마음을 가진 몇몇 형제, 자매들을 얻을 수 있었다.

점검
Point

1. 사영리를 통해 구원의 확신을 갖는 방법과 사영리 소개 끝마무리

1) 사영리 11쪽을 통해 구원의 확신을 갖도록 돕는 방법을 이해하고 둘씩 짝지어 연습하기
2) 사영리 소개 끝마무리하는 방법을 이해하고 둘씩 짝지어 연습하기
3) 위의 방법들을 전도하며 실습해보기

*순장NOTE APP을 통해 자세한 내용을 확인하세요.

04

그리스도와 동행하는 생활

"성령은 우리를 사로잡고 있는 비참한 연약함으로부터 벗어나게 하기 위해
우리의 필요를 채워주시는 능력의 원천이시다."

-빌리 그래함

준 비

ㅇ 개인 점검

당신이 방해받지 않는 시간을 적어도 45분 정도 할애하라. 성경과 성령소책자와 순모임 교재를 준비하라. 성령께서 순원들에게 역사하셔서 성령의 지배를 받는다는 것의 의미를 그들이 잘 이해하게 해달라고 간구하라. 당신이 먼저 성령소책자에 완전히 익숙해지고, 성령 충만하도록 하라. 당신이 순원의 입장이 되어 처음에 어떻게 성령 충만의 생활을 알게 되었는지를 기억해보라. 세상과의 영적 싸움, 성령을 거스르는 육체와의 싸움, 이 싸움에 비추어 성령 안에서 사는 방법들을 잘 설명하기 위해 요한일서 2:15~17과 갈라디아서 5:16~24에 대한 질문을 사용하라.

- 요한일서 소개

이 서신은 A.D. 85~90년경 사도 요한에 의해 쓰여졌다. 이 서신의 주제는 하나님 아버지와 다른 신자들과의 교제이다. 2장은 순종과 사랑, 성숙에 관해 다루고 있는데, 죄를 이기고 하나님 아버지와 계속적인 교제의 생활을 하는 것을 말하고 있다.

- 갈라디아서 소개

이 서신은 A.D. 48년경에 바울이 쓴 것으로 그리스도 안에서 자유를 누리는 것에 대해 다루고 있다. 이 서신은 우리 자신의 힘으로 일정한 틀의 율법을 따르기보다는 성령 안에서 살아야 할 필요성을 강조하고 있다. 5장에서는 육체의 소욕과 성령의 소욕 사이의 대적함에 초점을 두고 있다.

ㅇ 준비 자료

각 순원들에게 나눠줄 성령소책자"성령 충만한 생활의 비결을 발견하셨습니까?"를 준비하라.

ㅇ 참고 자료

신앙개념(TC) 제4권 '성령 안에서 살아가는 방법'

성경공부 개요

1. 영수가 처음으로 경험한 영적 싸움 이야기

2. 성령 안에서 살려면 성령 충만을 받아야 한다.

   시 32:1~5

3. 성령 안에서 살려면 영적 싸움에 대비해야 한다.

   갈 5:16~17; 롬 7:14~8:4; 요일2:15~16; 5:1, 4; 엡 6:10~17

4. 성령 안에서 살려면 하나님의 자녀로서의 권리를 알아야 한다.

   롬 8:16~17; 마 7:7~11

5. 성령 안에서 살려면 믿음으로 살아야 한다.

   골 2:6~7

점검 Point

1. 사영리를 통해 구원의 확신을 갖는 방법과 사영리 소개 끝마무리

   1) 개인 간증문 쓰는 법과 개인 간증문을 준비하는 방법을 이해하기
   2) 개인 간증문 쓰는 법과 준비하는 방법에 따라 개인 간증문을 작성하고 간사님께 점검받기
   3) 개인 간증문 나누는 법을 이해하고 이에 따라 순모임에서 연습하기
   4) 실제 전도할 때 간증문 나누기

04

그리스도와 동행하는 생활

개관목적 영혼의 호흡을 하며, 매순간 성령 안에서 살아감으로써 영적 싸움에 대비하게 하는 데 있다.

학습목표
1. 영혼의 호흡을 설명하고 적용할 수 있다.
2. 믿는 자들을 대항하는 세 가지 세력을 이야기할 수 있다.
3. 성령 안에서 사는 네 가지 원칙을 설명할 수 있다.

"성령 충만한 생활이란 단 한번 하는 체험이 아니라 순간마다 예수 그리스도께서 우리 안에서 우리를 통해 사시도록 맡기는 체험이다."

1. 영수가 처음으로 경험한 영적 싸움 이야기

영수는 성령이 주관하시는 삶에 대해 배우게 되었고 성령 충만 받게 해달라고 기도했다. 그에게 모든 일이 아주 잘 되어가는 듯 했고 기쁨과 내적 평안을 맛보게 되었다. 그런데 그 주간 동안 얼마 남지 않은 리포트 제출의 마감 시간 때문에 부담과 걱정이 점점 그를 누르게 되었다. 그러던 어느 날 자기 과 후배인 기철이가 그에게 와서 어려운 과목의 시험공부를 도와 달라고 했다. 영수는 차갑게 거절하며 그를 위해 내 줄 시간이 없다고 말했다. 그 주일의 남은 날 동안 영수는 죄책감을 느꼈고 기철이를 피하게 되었다. 자기가 바로 며칠 전 성령 충만 받기를 간구했던 것을 생각할 때 심하게 낙신이 되었다. 그는 그리스도인의 생활은 너무도 어렵고 힘들다고 생각하게 되었다.

질문하라

"여러분이라면 영수를 무슨 말로 도울 수 있을 것인지 생각해 보라."

관련지어 말하라

"영수의 이야기는 흔히 볼 수 있는 것이다. 하지만 이런 상황에서도 날마다 성령 충만한 생활을 경험하는 것은 가능하다. 이것을 성령 안에서 사는 생활이라고 말한다. 그러나 영수의 경험과 같이 우리의 삶에서 성령 충만한 생활을 하기 원하는 사람도 어려움을 느낄 수 있다."

"이제 우리가 성령 안에서 행하기 위한 네 가지 원칙들을 생각해보자."

가교

"성령 안에서 사는 첫 번째 원칙은 우리가 성령 충만 받았음을 확신하는 것이다."

성령소책자를 나누어 주라.

말하라

"지난주에 공부한 성령 충만 받는 방법에 대해 간단히 복습해 보자. 복습을 돕기 위해 이 성령소책자를 사용하려고 한다. 이 책자는 우리가 지난주에 공부한 내용의 요점을 담고 있다."

2. 성령 안에서 살려면 성령 충만을 받아야 한다.

1) 성령 충만을 받는 방법의 복습

말하라

"2, 3페이지를 펴 보자. 지난주에 공부했던 바와 같이 자연인, 성령의 사람, 육적인 그리스도인이 있다. 그리스도인이 어떠한 때에 육적인 사람이 된다고 했는지 기억하는 사람이 있는가?"

자신이 삶의 주도권을 쥐고 성령이 지적해주시는 죄를 고백하기를 거부할 때 우리는 육적인 그리스도인이 된다.

질문하라

"자신이 삶의 주도권을 쥔 후에는 어떻게 성령 충만함을 받을 수 있는지 설명할 수 있는 사람이 있는가?"

죄를 고백하고 다시 믿음으로 성령 충만을 나의 것으로 삼을 때 성령 충만할 수 있다. 이것을 영혼의 호흡이라고 부른다.

말하라

"영혼의 호흡을 좀 더 자세히 공부해보자. 그 전에 성령소책자의 요점을 복습하자."

"4페이지에는 '하나님은 우리를 위하여 풍성하고 열매 맺는 신앙생활을 예비해 놓으셨습니다.'라고 말한다. 그러나 6페이지에 보면 '육신에 속한 사람은 이 풍성하고 열매 맺는 신앙 생활을 체험할 수 없습니다.'라고 했다. 그 해결책으로 8페이지에서는 '예수 그리스도는 이 풍성하고 열매 맺는 신앙생활이 성령 충만을 받은(성령의 인도와 지배를 받은) 결과라고 약속하셨습니다.'라고 말한다. 10페이지에서는 '우리는 믿음으로 성령 충만을 받습니다. 그 때 비로소 예수님께서 우리 그리스도인 각자에게 약속하신 풍성하고 열매 맺는 신앙생활을 체험할 수 있습니다.'라고 상기시켜 준다. 11페이지에서 우리는 성령 충만 받으라는 하나님의 명령과 그의 뜻에 따라 구할 때 들으신다는 그의 약속을 읽을 수 있다. 12페이지에서는 우리는 믿음으로 성령 충만을 받는다는 것과 기도는 믿음을 표현하는 한 방법임을 말해준다."

"13페이지에서는 하나님과 그의 말씀의 신실함에 근거하여 우리가 성령 충만 받았음을 알 수 있다는 것을 상기시켜 준다. 14페이지에서는 성령 안에서 살아가는 방법에 대해 몇 가지 사실을 알려주고, 15페이지에서는 영혼의 호흡을 설명하고 있다. 여러분은 직접 더 자세히 이 책자를 보기를 원할 것이다. 이제 영혼의 호흡에 대해 생각해보자."

2) 영혼의 호흡을 하는 방법

말하라

"이 페이지에서 이야기하는 바를 이해하는 데 있어 다음 두 가지 상황을 생각해보면 도움이 될 것이다. 첫째 예문에서는 우리가 범죄 한 사실을 모르고 있을 때 성령께서 그 죄를 깨닫게 하시는 경우가 있다는 것을 설명해 준다. 교재에서 그 예를 읽어보자."

3) 영혼의 호흡의 두 가지 예

<예문 1>

태식과 그의 친구 현규는 어느 토요일 오전, 학교 식당에서 함께 이야기를 하고 있었다. 둘 다 함께 있는 시간이 무척 즐거웠다. 그런데 그날 오후 태식은 그들이 가졌던 대화를 생각하다가 그가 다소 분

별없이 내밷은 말이 있어서 그것이 현규의 감정을 상하게 했을지도 모른다는 것을 알게 되었다.
성령소책자 15페이지에서 배운 바에 의하면 태식은 어떻게 해야 하는가?

그는 현규에게 분별없는 말을 했다는 것을 하나님께 동의해야 한다. 그는 그리스도의 십자가상의 죽음으로 그의 죄가 용서받았음을 단순하게 감사드려야 한다. 그는 자기를 향하신 하나님의 사랑에 대해 감사하고 하나님과의 계속적인 교제를 가져야 한다. 그는 회개해야 한다. 이것은 기회가 주어지는 대로 자신이 분별없이 내뱉은 말에 대해 현규에게 사과하는 것까지를 포함한다.

관련지어 말하라

"둘째 예문에서는 알면서도 하나님께 불순종하고 자기 생활의 주도권을 다시 자기가 취한 사람에 대해 알아보자."

<예문 2>
며칠이 지난 아침, 태식은 기분이 좋지 않은 상태로 일어났다. 막 학교로 출발하려 할 때 전화벨이 울렸다. 현규의 전화였다. 자기가 했던 말에 현규의 기분이 상했을 것을 알면서도 그는 전화를 받고 시간이 없다고 초조함을 표시하며 현규에게 말을 거칠게 하기 까지 했다. 그가 현규에게 말하는 동안 성령께서 그의 말하는 태도가 잘못되었음을 지적해 주셨다.
하나님의 말씀에 의하면, 태식은 어떻게 해야 하는가?

그는 자신의 죄를 고백함으로써 내뿜는 일을 해야 한다. 그리고 하나님의 용서하심에 대해 감사하고 믿음으로 성령 충만을 자기의 것으로 삼음으로써 들이마시는 일을 해야 한다. 성령께서 그의 생활을 주관하실 때 그는 또한 현규에게 사과하는 일이 필요함을 알게 될 것이다.

요한일서 1:9과 에베소서 5:18을 참조하라.

가교

"시편 32편을 찾아서 하나님께서 다윗의 죄를 지적해주실 때 그는 어떻게 죄를 고백했는지 알아보자."

시편 32:1~5

4) 다윗은 자신의 죄를 고백하지 않았을 때 어떤 상태에 빠지게 되었다고 했는가?

종일 신음하므로 자신의 뼈가 쇠하였고 주의 손이 주야로 자신을 누르시므로 자신의 진액이 화하여 여름 가뭄에 마름같이 되었다고 말한다.

5) 이 말씀에서 하나님께서 죄를 지적해 주실 때 우리가 고백하도록 격려하는 것들은 무엇인가?

다윗이 그의 죄를 고백할 때 하나님께서는 크신 은혜로 다윗의 기도에 응답하셨고, 그의 죄를 용서해 주셨다. 이 말씀을 통해 우리가 죄를 고백할 때 하나님은 우리의 죄를 용서해주시고 정죄하지 않으시는 분이심을 알 수 있다.

말하라

"우리가 기억해야 할 것은 단순히 죄를 고백하는 것만으로는 죄에서 자유할 수 있는 능력을 공급받을 수는 없다는 것이다. 우리는 성령 충만을 자기 것으로 삼아 성령의 능력으로 하나님의 뜻에 순종하는 전혀 다른 삶을 살아야 한다."

"또 하나 기억할 중요한 것은 우리의 생활에서 끊임없이 죄만 찾아내느라고 지나치게 자기 분석적인 태도를 갖지 말아야 한다는 것이다. 성령께서 지적해 주실 때 죄를 처리하면 된다. 우리가 죄를 고백할 필요가 있을 때는 우리에게 분명히 가르쳐 주시므로 성령 대신 우리가 그 일을 할 필요는 없다."

"지금까지 이야기했듯이 성령께서 우리의 생활에서 어떤 고백되지 않은 죄를 깨닫게 해주실 때 여러분은 성령 충만하지 않다고 느낄 수 있다. 이제 방금 이야기한 것을 적용할 기회를 갖도록 해 보자. 잠깐 몇 분 동안 조용히 기도하자. 여러분 생활에서 고백되지 않은 어떤 죄가 있다면 이 시간에 그것을 처리할 수 있다. 지금 이 자리에서 **내뿜는 일**(죄를 하나님께 고백하는 것)과 **들이마시는 일**(믿음으로 성령 충만을 자신의 것으로 삼는 것)로 **영혼의 호흡**을 실천하면 된다. 몇 분 동안 조용히 각자 기도한 후에 내가 기도를 마치겠다."

"성령 안에서 사는 두 번째 원칙은 영적 싸움에 대비하는 것이다."

3. 성령 안에서 살려면 영적 싸움에 대비해야 한다.

말하라

"먼저 육체와의 싸움에 대해 공부해보자."

1) 육체와의 싸움(갈 5:17; 롬 7:14~25)
   해결책: 성령 안에서 살아가라(갈 5:16; 롬 8:1~4).

말하라

"그리스도인의 싸움에 있어서 두 번째 대상은 오늘날의 세상 풍조이다."

2) 세상과의 싸움(요일 2:15~16)
   해결책: 우리의 믿음(요일 5:1, 4)

질문하라

"우리 세대의 문화 중 명백히 세상적인 것들은 무엇일까?" 물질 숭배, 성과 부도덕의 만연, 쾌락 우선주의, 하고 싶은 대로 하자는 풍조 등.

말하라

"요한일서 5장 4절에서는 '무릇 하나님께로부터 난 자마다 세상을 이기느니라 세상을 이기는 승리는 이것이니 우리의 믿음이니라'고 했다. 우리가 하나님과 그의 말씀에 대한 믿음으로 살 때 세상의 쾌락에 굴복해 죄를 범하고자 하는 욕망을 이길 수 있다."

"싸움의 세 번째 대상은 사탄이다."

3) 사탄과의 싸움(엡 6:11~12)
해결책: 영적 무장(엡 6:10~17)

설명하라

"사탄과의 싸움에 관해 한 과를 할애해서 공부하게 될 것이므로 여기서는 길게 공부하지 않겠다. 기억할 요점은 에베소서 6장 10절의 너희가 주 안에서와 그 힘의 능력으로 강건하여진다는 말씀이다. 우리가 주의 힘을 의지하며 하나님께 순종하는 한, 사탄에 대해 두려워할 것이 없다."

가교

"성령 안에서 사는 세 번째 원칙은 하나님의 자녀로서의 권리를 아는 것이다."

4. 성령 안에서 살려면 하나님의 자녀로서의 권리를 알아야 한다.

> **말하라**
>
> "시간이 없어 이 문제를 깊이 다룰 수는 없겠으나 성경에는 우리가 하나님의 자녀로서 요구할 수 있는 수천 가지 약속이 있다. 하나님의 아들과 딸이 된 자로서 우리는 다른 사람들이 갖지 못한 특권을 가지고 있다."

로마서 8:16~17

1) 이 말씀은 우리의 위치를 어떻게 묘사하고 있는가? 이 말씀이 왜 중요한가?

우리는 하나님의 자녀이고, 그리스도와 함께 한 상속자, 즉 하나님의 상속자이다. 이것은 우리가 하나님과 특별한 관계가 있음을 보여주기 때문에 중요하다.

마태복음 7:7~11

2) 이 말씀은 하나님의 자녀로서의 우리의 특권에 대해 무엇을 말해주는가?

우리는 필요한 것에 대해 하늘에 계신 우리 아버지께 구할 수 있고, 우리에게 주실 것을 기대할 수 있다.

> **말하라**
>
> "지난 주에 공부했던 건빵만 먹는 그리스도인의 이야기를 기억하는가? 처음에 그는 자기의 특권을 충분히 쓰지 못했기 때문에 배에서의 여행을 즐길 수가 없었다. 배에 타기만 했을 뿐 자기가 누릴 수 있는 것들이 무엇인지 몰랐다."

가교

"성경에는 그리스도인의 삶을 사는 데 있어 우리가 알아야 할 많은 약속과 특권들이 있다. 우리의 삶은 하나님의 말씀에 있는 그 약속들을 발견해 나가는 흥미진진한 모험이 될 수 있다."
"성령 안에서 사는 네 번째 원칙은 믿음으로 사는 것이다."

5. 성령 안에서 살려면 믿음으로 살아야 한다.

골로새서 2:6~7

1) 우리는 그리스도를 어떻게 영접하는가?

믿음으로

2) 그리스도인은 어떻게 그리스도와 동행해야 하는가?

그리스도인은 믿음으로 그리스도와 동행해야 한다. 그가 그리스도 안에 굳게 뿌리를 내리고 믿음 안에 세움을 입는다면 감사함이 넘치는 생활을 할 것이다.

말하라

"유명한 빌 브라이트 박사의 이야기를 읽어 보자."

3) 슬픔을 당한 어느 그리스도인 이야기

한 젊은 여인이 애로우헤드 스프링즈의 CCC 수련회에 참석했다. 나의 강의를 듣고 난 후 그녀는 나에게 상담을 하러 왔다. 그녀는 울면서 돌발적인 사고로 인해 약혼자를 잃어버린 이야기를 했다. 사고 당시에 그녀는 운전을 하고 있었다. 그들은 약혼 파티를 마치고 집으로 돌아가는 중이었는데, 어떤 차가 중앙선을 가로질러 그녀의 차를 공중전화박스 쪽으로 들이받았던 것이다. 사랑하는 사람을 잃은 슬픔과 비극은 그녀가 차를 몰았다는 죄의식과 혼합되어 그녀의 가슴이 찢어질듯 아프게 했다. 그녀는 몇 달 동안 정신과 의사, 심리학자, 목사, 그 외의 많은 사람들에게 조언을 얻으려고 가 보았다. 그러나 도움을 얻을 수가 없었다.

그녀는 나에게 "당신이 도와주지 않는다면 나는 정신 이상에 걸릴까봐 두렵습니다."하고 말했다. 나는 그녀가 그리스도인인지 물어 보았다. 그녀는 그리스도인이라고 대답했다. 우리는 로마서 8장 28절을 읽었고, 나는 그녀에게 "모든 것이 합력하여 선을 이루는 것을 믿습니까?"하고 물었다. 그녀는 믿는다고 대답했다.
우리는 데살로니가전서 5장 18절을 폈고 그녀는 큰 소리로 그것을 읽었다. "범사에 감사하라 이것이 그리스도 예수 안에서 너희를 향하신 하나님의 뜻이니라" 나는 그녀에게 "사랑하는 사람을 잃어버린 것을 하나님께 감사합니까?"하고 물었다. 그녀는 충격을 받았다. 내가 한 말을 거의 믿을 수 없다는 듯이 불신의 눈으로 나를 바라보며 "이와 같이 슬픈 일에 어떻게 감사할 수 있어요?"라고 말했다.

"당신은 하나님을 믿지 않죠?"하고 물었더니 그녀는 믿는다고 주장했다. "그러면 왜 당신이 믿는다는 것을 보여주지 않습니까? 하나님을 믿고 범사에 감사하겠다고 하나님께 기도하시겠습니까?"라고 물었다. 우리는 무릎을 꿇었고, 그녀는 눈물을 흘리며 기도했다.

"하나님, 나는 이해할 수 없지만 당신은 믿을 수 있는 분임을 압니다. 이제 나는 하나님께 감사합니다."

그녀가 "감사합니다."라고 말했을 때, 그것은 하나님께 "나는 당신을 믿습니다."라고 말한 것이다. 믿음이 없이는 하나님을 기쁘시게 할 수 없고, 믿음을 나타내는 가장 좋은 방법은 "감사합니다."라고 말하는 것이다. 당신은 사랑하는 사람이나 유산이나 돈을 잃어 버렸기 때문에 혹은 사업에 실패했거나 건강이 나빠졌기 때문에 하나님을 증오할지도 모른다. 그러나 하나님은 '범사에 감사하라'고 말씀하신다. 히브리서 3장 17절 ~ 4장 2절과 로마서 14장 23절에 의하면, 믿지 않는 것이 죄이고 죄는 하나님을 기쁘시게 하지 못한다.

그 다음 날 아침, 그녀는 문자 그대로 기쁨에 넘쳐 나를 찾아왔다. " 어제 밤에 나는 사건이 있은 이후 처음으로 수면제 없이 잠을 잤습니다.
아침에 눈을 떴을 때 나의 마음은 기쁨과 하나님께 감사하는 마음으로 가득 찼습니다. 나는 정말 당신이 가르쳐 준 '하나님께 감사하라'는 그 말이 중요하다는 것밖에는 모르겠습니다."라고 말했다.

4) 골로새서 2장 7절은 우리에게 하나님께 대한 감사함이 넘쳐야 한다고 말한다. 위에서 한 이야기와 당신 자신의 경험에 비추어 볼 때, 감사하는 것이 그리스도인의 삶을 사는 데 필수적인 이유는 무엇인가?

감사는 믿음을 표현하는 것이다. 불만스러운 태도로 성령 충만을 받는 것은 불가능하다. 그것은 하나님을 슬프시게 하며 죄가 되기 때문이다. 감사의 결핍은 하나님께 대한 불신을 드러내는 것이다.

말하라

"갈라디아서 5:22~23에는 우리가 성령의 충만을 받을 때 성령께서 우리의 삶에서 맺게 해주시는 품성들을 말해준다. 그것은 사랑, 희락, 화평, 오래 참음, 자비, 양선, 충성, 온유, 절제이다."

"우리는 감사하지 않고 불평할 수도 있고, 감사하며 성령께서 화평과 기쁨을 우리 삶에서 맺도록 우리 자신을 그분께 드릴 수도 있다."

"이제 잠깐 기도하자. 여러분 중에는 상처 받은 인간관계나 또는 삶에서 부딪히는 여러 문제들로 인해 하나님께 불만의 태도를 가졌던 사람이 있을지도 모르겠다. 하나님이 우리에게 주시는 최고의 것을 경험하고 싶다면 우리는 믿음으로 살아야 하고 '감사합니다.'라고 말할 수 있어야 한다.

조용히 이 문제에 대해 각자 기도한 후에 내가 기도를 마치겠다. 하나님께 감사하는 것은 믿음의 표현이다."

"여러분 중에서 한두 사람만 자신이 하나님께 처음으로 감사했던 일을 이야기해 줄 수 있겠는가?"

"성령 안에서 사는 방법에 대한 이 공부가 여러분에게 유익했으리라 믿는다."

점검 Point

1. 전도를 위한 개인 간증문 준비하기

1) 개인 간증문 쓰는 법과 개인 간증문을 준비하는 방법을 이해하기
2) 개인 간증문 쓰는 법과 준비하는 방법에 따라 개인 간증문을 작성하고 간사님께 점검받기
3) 개인 간증문 나누는 법을 이해하고 이에 따라 순모임에서 연습하기
4) 실제 전도할 때 간증문 나누기

*순장NOTE APP을 통해 자세한 내용을 확인하세요.

05

행동하는 그리스도인 되기

그리스도인이 할 수 있는 최대의 일은 다른 사람에게 예수 그리스도를 소개하는 일이다.
"한 사람을 사단의 세력에서부터 하늘 나라의 영광스런 빛의 세계로
인도하는 하나님의 도구가 되는 것보다 더 큰 영광은 없다."

-D.L. 무디

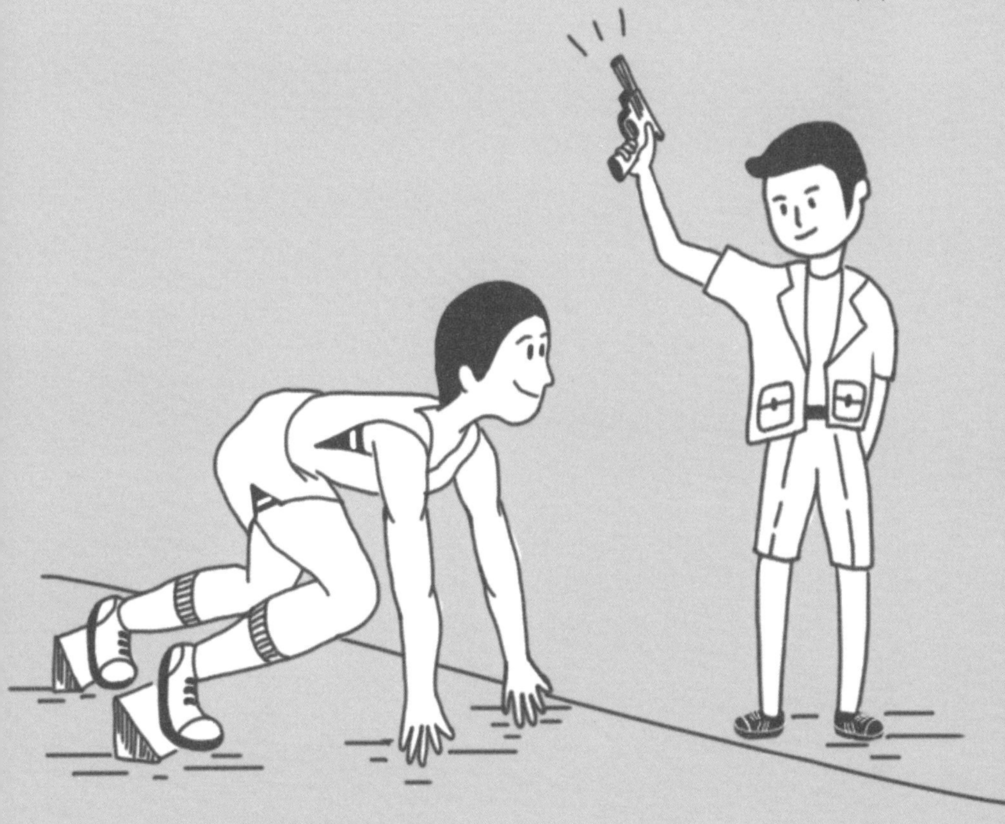

준 비

○ 개인 점검

당신이 방해받지 않는 시간을 적어도 30분 정도 할애하라. 성경과 순모임 교재와 사영리를 준비하라. 당신에게 세상에 대한 주님의 마음을 주시도록, 그리고 주님이 하신 대로 개개인을 대할 수 있도록 주님께 기도함으로써 시작하라. 교재에 있는 모든 문제에 답하고 사영리에 완전히 익숙해지도록 하라. 당신 자신이 순원의 입장에서 처음으로 사영리를 전하는 훈련을 받는 것으로 생각하라. 이 강의는 실제 전도 상황으로 자연스럽게 넘어가야 한다. 당신의 순원이 제대로 성숙하지 않았으면 순모임 후에 전도하러 갈 것이라고 미리 말하지 말라.

- 요한복음 소개

요한복음은 A.D. 85년과 90년 경에 예수님께 사랑받던 사도 요한이 기록한 네 번째 복음서이다. 요한복음의 목적은 요한복음 20:30, 31에서 말한 대로 예수님의 신성을 알려주는 것이다. 사도 요한은 사람들이 영생을 얻을 수 있는 믿음을 갖게 하기 위하여 확실한 증거들을 제시했다. 요한복음의 많은 부분(예: 3장 전체)이 예수 그리스도를 믿음으로 영적으로 거듭나는 것에 대해 언급하고 있다.

- 고린도후서 소개

고린도에 있는 신자들에게 바울이 보낸 두 번째 편지인 고린도후서는 A.D. 56년 경에 쓰여졌다. 바울은 사도권을 옹호하기 위해 자신과 자신의 사역을 제시했다. 5장은 주로 하나님과 사람을 화해하게 하는 사역의 동기와 신적 권위를 다루며, 바울은 신자들이 그와 함께 이 사역에 참여하도록 권면하고 있다.

- 사도행전 소개

사도행전은 의사인 누가가 A.D. 63년 경에 기록했다고 한다. 사도행전은 4복음서와 서신서 사이의 기간의 다리 역할을 하고 있고, 1세기 교회의 역사를 취급하고 있다. 1장은 성령의 강림을 위해 주께서 그의 사람들을 예비하시는 출발점이다.

○ 준비 자료

순원들에게 줄 사영리

ㅇ 참고 자료

신앙 개념(TC) 제5권 '성령 안에서 증거하는 방법'
신앙 개념(TC) 제6권 '사람들을 그리스도께로 인도하는 방법'

성경공부 개요

1. 우리의 생애에서 가장 중요한 임무

2. 그리스도의 목적과 우리를 위한 그의 목적

   요 17:1~4; 눅 19:10; 요 17:18,20; 마 28:18~20

3. 임무를 수행하기 위한 성령의 책임

   행 1:8; 요 16:8~10

4. 허드슨 테일러: 중국 대륙의 하나님의 사람

5. 혁명적인 목적

   행 20:17~27

점검 Point

1. 관계맺는 전도하기
   1) 영적 여정의 동행자로서의 역할에 대해 이해하라.
      (Gateway 전도훈련 교재 부록 'A Devotional Journey'를 읽고 생각을 정리해 보자.)
   2) 친구들과의 대화 속에서 그들의 영적 필요를 파악하라.
      (공감과 경청하는 연습이 필요하다.)

2. CoJourners(전도를 위한 QT)를 캠퍼스에서 적용해보라.
   1) 전도모임 등을 기획하여 순별로 모여 함께 전도에 관한 말씀을 묵상하고 실천 사항들을 점검한다면 전도하는 데 도움이 될 것이다.

05

행동하는 그리스도인 되기

개관목적 전도의 이유와 목적을 이해하고 전도를 실천하게 함으로 성공적인 전도의 경험을 갖게 하려는 데 있다.

학습목표
1. 그리스도의 생애의 목적과 우리를 위한 그의 목적을 설명할 수 있다.
2. 전도에 있어서 그리스도인의 책임과 성령의 책임을 설명할 수 있다.
3. 다른 사람과 사영리를 끝까지 읽을 수 있다.
4. 불신자에게 전도할 수 있다.

1. 우리의 생애에서 가장 중요한 임무

1) 암의 치료법을 발견했으나 어느 누구에게도 그것을 말하지 않은 의사에 대해 당신은 어떻게 말하겠는가?

무책임하다. 이기적이다. 미치광이다. 비인도적이다.

2) 영적인 암인 죄를 치료하는 방법은 무엇이라고 생각하는가?

그리스도를 개인적으로 알고, 죄 용서를 받기 위해 그를 신뢰하며, 우리를 통해 그가 사심으로 우리가 새롭게 되는 것이다.

명료하게 하는 질문

(1) 다른 사람은 어떻게 생각하는가?
(2) 죄를 용서받을 수 있는 유일한 길은 무엇인가?
(3) 왜 그리스도께서 죽으셔야 했는가?

3) 영적인 암인 죄의 치료법을 알고 다른 사람들에게 그것을 말하기 시작한 사람에 대해 당신은 어떻게 말하겠는가?

사람을 사랑하고, 다른 사람들에게 관심이 많은 사람이다.

관련지어 말하라

"우리는 인간의 죄와 세상의 비탄에 대한 치료법을 가지고 있습니다. 병들거나 죽어가는 세상 사람들에게 그리스도를 전하려고 하지 않는 것은 참으로 생각할 수도 없는 일입니다. 우리는 그리스도를 전함으로 사람들이 변화된 삶을 살도록 돕는 믿기 어려운 특권을 가지고 있다."

가교

"우리는 인간의 절망적인 상태가 전도해야 하는 하나의 이유라는 것을 이해해야 한다. 그리고 우리가 전도해야 하는 또 다른 이유는 그것이 우리의 삶을 위한 그리스도의 목적이기 때문이다. 첫째로 그리스도께서 가지고 계신 목적이 우리와 어떻게 관련되는지에 대해서 생각해 보자"

2. 그리스도의 목적과 우리를 위한 그의 목적

요한복음 17:1~4

1) 이 구절에서 그리스도께서 그의 생애에 대해 가지신 목적과 열망에 대해 알 수 있는 것은 무엇인가?

예수님은 하나님 아버지를 영화롭게 하고, 사람들에게 영생을 주고, 아버지께서 하라고 하신 일을 수행하기를 열망하셨다.

2) 4절에서 예수님은 자신의 생애에서 아버지를 영화롭게 하기 위해 무엇을 하셨는가?

아버지께서 하라고 명령하신 일들을 수행하셨다.

누가복음 19:10; 요한복음 17:18, 20

3) 하나님 아버지께서 예수님이 하시도록 주신 '일'은 무엇인가?

잃어버린 자를 찾아 구원하는 것. 사람들에게 영생을 주는 것. 또한 그리스도께서는 잃어버린 세상에 그의 복음을 전하기 위해 그의 제자들을 훈련하는 일이었다.

4) 오늘날 예수님이 우리를 통해 예수님 자신의 삶을 사신다면 그분은 어떤 일을 하시겠는가?

그는 우리를 사용하셔서 잃어버린 자를 찾아 구원하실 것이며, 사람들을 제자로 삼아 세상에 나가도록 하실 것이다.

명료하게 하는 질문

(1) 예수님이 오늘날 우리를 통해 행하시는 일에 대해 누가복음 19:10 에서는 어떻게 말하고 있는가?

(2) 그러므로 우리는 무엇을 해야 하는가?

마태복음 28:18~20

5) 이 말씀에 의하면, 잃어버린 자를 찾아 구원하는 우리 임무의 범위는 어떠한가?

우리의 목표는 모든 민족, 온 세계이다.

가교

"이제 우리를 통해 잃어버린 자를 찾아 구원하시려는 성령의 책임에 대해 살펴보자."

3. 임무를 수행하기 위한 성령의 책임

사도행전 1:8

1) 성령에 관해 예수님이 약속하신 것은 무엇인가?

성령은 그리스도인들이 온 세계에서 그의 증인이 되도록 권능을 주시고 격려하실 것이다.

설명하라

"증인은 그가 개인적으로 보고 체험했던 것에 관해 증거하는 사람이다. 그는 진실을 말하도록 부름을 받았다. 성령은 우리로 하여금 그리스도의 증인이 될 수 있게 해준다."

"그러나 어떤 사람들은 그리스도를 전하는 일을 두려워할 수도 있다."

요한복음 16:8~10

2) 전도하는 일에 대해 회의적인 어떤 사람이 당신에게 이렇게 물었다고 가정해보자. "어떻게 모든 사람들에게 그리스도를 전하고, 또 잠깐 동안에 그리스도를 영접하게끔 그들을 확신시킬 수 있습니까?" 당신은 이 사람의 질문에 어떻게 대답을 하겠는가?

다른 사람에게 그리스도를 전하는 것은 우리의 책임이고, 그들로 하여금 그들의 필요를 확신케 하는 것은 성령의 책임이다. 우리가 전도하러 나가기 전에 하나님께서는 사람들의 마음을 준비시키신다.

설명하라

"성령이 우리에게 권능을 주셔서 그의 증인이 되게 하신다고 그리스도께서 약속하셨을 때 그것은 또한 성령께서 전해야 할 말 뿐만 아니라 자신감과 담대함을 주심을 의미하기도 한다. 우리가 복음을 전할 때 성령께서는 그들이 이해하고 그리스도를 영접할 수 있도록 복음을 듣는 사람들의 마음을 열어 주신다."

"하나님은 사람들의 마음속에 역사하셔서 하나님께 나아오도록 하시기 때문에 승리는 이미 우리의 것이며, 우리는 하나님이 예비해 주신 열매를 거둘 뿐이다. 성령께서는 우리가 가는 곳마다 사람들을 예비하신다. 승리는 주님의 것으로서 우리들 마음속에 있고 우리는 하나님의 역사를 보는 특권을 갖게 된다."

가교

"전도하라는 명백한 명령과 그렇게 할 수 있는 능력이 있음에도 불구하고 많은 사람들은 정기적으로 전도하지 않는다. 사람들이 전도하지 않는 공통적인 이유는 전도하는 방법을 모르기 때문이다. 나머지 시간 동안 우리는 효과적인 방법으로 입증되어 온 전도 방법을 토의하게 될 것이다."

4. 허드슨 테일러: 중국 대륙의 하나님의 사람

한 집회에서 허드슨 테일러의 설교는 정점에 이르게 되었다. 그의 회상은 그의 옛 선교지였던 상하이에서 닝포까지 타고 갔던 원주민의 범선 여행 때로 거슬러 올라갔다.

테일러는 그의 동료 여행객 중, 영국에서 수년을 거주하던 피터라는 한 중국인에게 관심이 쏠렸다. 왜냐하면 그는 복음을 들었지만 구원의 능력에 대해서는 모르고 있었기 때문이다. 그는 단지 자기를 그리스도께 인도하려는 이 선교사의 친절과 노력에 대해서만 알고 있을 뿐이었다. 성키양 시에 가까워지자 사람들은 하선할 준비를 하고 있었다. 그때 테일러는 '첨벙'하는 소리와 사람들의 비명 소리를 들었다. 즉시 갑판 위로 뛰어나가 주위를 둘러보았지만, 피터는 이미 그곳에 없었다.

"예, 저기에 빠져 버렸습니다."하고 사공들은 관심 없다는 듯이 외쳤다.

그는 순간 배를 멈추라고 말하며 물속으로 뛰어들었다. 그러나 조류는 밀려 나가고 있었고, 그의 힘으로는 어떻게 해 볼 수가 없었다. 긴장과 고통 속에서 모든 곳을 찾아보다가 마침 그가 필요로 하는 예인망 그물을 가지고 있는 어부들을 발견해 냈다.

"여보시오." 그는 희망에 차서 소리쳤다.

"와서 좀 구해 주시오. 사람이 빠졌소."
그러나 "안 됩니다. 지금은 곤란합니다."하는 놀라운 응답이 왔다.
"안 된다고 하지 마시오. 늦기 전에 빨리 구해 주시오!"
"우리는 고기를 잡느라고 바쁩니다."
"고기 잡는 것을 멈추고 빨리 좀 구해 주시오! 빨리 좀! 충분히 보상해 주겠소."
"얼마나 주겠습니까?"
"5달러! 이야기만 하고 서 있지 말고 빨리 좀 구해 주시오!"
"너무 적은데! 30달러 이상을 주지 않으면 우리는 가지 않겠습니다."라고 건너편에서 그들은 소리쳤다.
"내게는 그렇게 많은 돈은 없소! 내가 가지고 있는 전부를 드리겠소."
"얼마나 됩니까?"
"오! 잘 모르겠지만 한 14달러쯤……"
이렇게 되자 그들이 와서 물 위로 그물을 던져 물에 빠진 피터를 건져 왔다. 그러나 호흡을 회복시키려는 테일러의 모든 노력은 허사였다. 한 생명을 쉽게 구할 수 있었는데 사람들의 무정한 무관심 때문에 희생되었음은 너무도 명백했다.
이 설교를 듣던 청중들에게는 타오르는 분노감이 휘몰아치기 시작했다. 지구상의 어디에서 그렇게 터무니없이 무정하고 이기적인 사람들을 찾아볼 수 있단 말인가! 그러나 테일러의 열정적인 외침이 계속되자 예기치 않던 깊은 깨달음이 모든 청중들에게 파고들어 왔다.
우리 모두는 그 어부들을 정죄할 수 있다. 또한 우리 모두는 피터의 죽음에 대한 모든 죄 값을 그들에게 전가할 수도 있다. 왜냐하면 그들은 그를 쉽게 구할 수 있었음에도 불구하고 구하지 않았기 때문이다. 그렇다면 지금 당신이 영원히 멸망 받도록 내버려 둔 수백만의 사람들은 어떠한가? 하나님으로부터 주어진 "온 세상에 나가서 모든 만민에게 복음을 전하라"는 이 명백한 명령은 어떠한가? 또한 죽임을 당하게 될 그들을 당신이 구원하지 않고 "나는 모른다."라고 말한다면 중심을 감찰하시는 주님이 어떻게 판단하시겠는가? 당신의 영혼을 지키시는 하나님이 그것을 알지 못하시겠는가? 그가 각 사람의 행한 대로 모든 사람에게 보응하시지 않겠는가?

가교

"비록 사람을 자신에게로 인도하는 궁극적인 책임이 하나님께 있다 할지라도 그는 그리스도인이 복음을 전하는 데 참여하기를 열망하신다. 그리스도를 모르는 사람들에게 전도하는 데 어떻게 참여할 수 있는지 그 실례로서 바울의 생애를 살펴보자."

5. 혁명적인 목적

사도행전 20:17~27

1) 이 구절을 읽은 후 당신은 바울의 삶의 목적을 어떻게 요약할 수 있는가?

하나님의 은혜의 복음을 증거하는 것(24절)

명료하게 하는 질문

(1) 다른 사람들은 어떻게 생각하는가?

(2) 24절에 의하면, 하나님은 어떤 사역을 주셨는가?

2) 그 목적이 성취되는 것을 보기 위해서 그가 행하였고 견디었던 것들은 무엇인가?

그는 눈물과 시련 가운데서 사람들을 섬기면서 그들과 함께 보냈다. 그는 유익한 모든 것을 그들에게 가르쳤다. 그는 대중 앞에서 또는 집집마다 방문하면서 하나님께 대한 회개와 그리스도에 대한 믿음을 증거했다. 그는 자신의 생명을 조금도 귀한 것으로 여기지 않았고 전력을 다해 하나님의 나라를 전파했으며, 하나님의 뜻을 전했다.

3) 당신은 바울의 목적이 우리가 취해야 할 목적을 대표한다고 생각하는가? 그렇다면 우리의 삶에서 그 목적이 성취되도록 행해야 할 것은 무엇인가?

우리도 우리의 생명을 다해 그리스도를 전하고 그들이 또 다른 사람들에게 그리스도를 전하도록 돕는 일에 능동적으로 참여해야 한다.

명료하게 하는 질문

(1) 다른 사람들은 어떻게 생각하는가?
(2) 사람들을 그리스도께로 인도하는 일에 참여할 수 있는 방법들은 무엇인가?

■ 순장을 위한 제자화 훈련 요령

이제 '충성스런 사람'은 하나님께 대한 그들의 헌신을 보여 주기 시작할 것이다. 관심이 없는 사람이나 그들의 삶에서 그리스도의 주권을 인식하지 못한 사람은 순모임이나 당신과의 개인적인 만남을 원하지 않을 것이다.

'충성스런 사람'이란, 가르침을 받으려는 마음과 하나님을 향한 갈망을 가진 사람, 그가 배우고 있는 것을 남에게 전수하고자 하는 열망을 가진 사람이라고 정의할 수 있겠다.

관심이 없는 사람들에 대한 책임감을 느끼는 몇몇 순장들도 있다. 그러므로 그들은 영적인 일에 관심이 없는 사람들에게 흥미를 갖게 하기 위해 그들의 시간을 쏟는다. 그 결과는 대개 실망스럽다. 하나님을 위해 일할 준비가 되지 않은 사람들에게 시간을 소비하는 지도자들은 생동적이고 영적인 운동들을 거의 일으키지 못한다.

예수님은 '움직이는 자와 함께 움직이라'는 말에 요약된 제자화 철학의 많은 모범을 보이신다. 다시 말해서 '제자가 되기를 원하는 사람을 제자로 삼으라'는 것이다.

마태복음 19장 21절에서 예수님은 부자 청년에게 자신을 따르도록 도전하셨다. 그러나 그 청년은 그 도전을 거절했다. 예수님은 그 청년의 뒤를 쫓아가서 나를 따르라고 애걸하지 않으셨다. '나를 따르라'는 도전과 조건들이 명백하게 제시되었고 기회도 주어졌다. 그러나 마지막 결정은 항상 잠재적인 제자에게 달려 있었다.

부자 청년과 비교해서 예수님의 열 두 제자들은 기꺼이 예수님을 따랐다. 예수님은 이들, 즉 주님을 따르고 제자가 되기를 열망했던 사람들과 함께 하는 데 3년의 시간을 투자하셨다.

이 기간 동안에 예수님께서 아주 분명한 목적의식을 가지고 움직이셨다는 것은 흥미 있는 일이다. 잃어버린 자를 찾아 구원하려는 예수님의 목적은 명백했던 것이다.

예수님의 제자들은 가끔 망설이기도 했고, 충성스럽지 않았고, 궁극적으로 예수님을 배반하기도 했지만, 예수님은 제자들에게 주신 목표를 바꾸시거나, 기준을 낮추신 적이 단 한 번도 없으셨다. 그러므로 순장은 높은 기준을 세우고 그 기준을 따라 오도록 제자들(순원들)에게 요청하는 일을 결코 두려워해서는 안 된다.
또한 순장은 순원이 떠나 버리는 것을 두려워해서도 안 된다. 누구나 다 긍정적으로 반응하고 있다면 순장이나 순원 모두가 낮은 헌신의 수준을 보이고 있는 것일 수 있다. 한편 긍정적인 반응이 거의 없으면 순장은 순원들과 효과적인 관계를 맺고 있는지를 평가해야 한다.

점검 Point

1. 관계맺는 전도하기

1) 영적 여정의 동행자로서의 역할에 대해 이해하라.
(Gateway 전도훈련 교재 부록 'A Devotional Journey'를 읽고 생각을 정리해 보자.)
2) 친구들과의 대화 속에서 그들의 영적 필요를 파악하라.
(공감과 경청하는 연습이 필요하다.)

2. CoJourners(전도를 위한 QT)를 캠퍼스에서 적용해보라.

1) 전도모임 등을 기획하여 순별로 모여 함께 전도에 관한 말씀을 묵상하고 실천사항들을 점검한다면 전도하는 데 도움이 될 것이다.

***참고: CoJourners에 대해서는 '관계맺는 전도를 위한 Gateway 세미나'에서 자세히 배울 수 있다.**

*순장NOTE APP을 통해 자세한 내용을 확인하세요.

06

하나님 아버지와의 관계를 발전시키기

하나님과의 관계를 발전시키는 것은 인생에서 가장 위대한 체험이다.

준 비

ㅇ 개인 점검

당신이 집중할 수 있는 30분 이상의 시간을 충분히 확보하고, 성경과 순모임 교재를 준비하라. 이 시간 동안 하나님이 함께 하신다는 사실을 특별히 기억하고, 에베소서 1:3~8을 공부할 때 당신에 대한 하나님의 사랑을 말씀해 주시도록 기도하라. 시편 143편을 공부하며 다윗이 가졌던 경건의 시간의 방법을 살펴보고, 매일 갖는 당신의 경건의 시간에 다윗의 시를 모범으로 사용할 수 있도록 기도하라. 이 과는 예정설과 인간의 자유 의지에 관한 내용으로 갑작스럽게 빗나갈 수 있는 가능성이 있다. 비록 그것이 흥미 있고 중요한 논제라 할지라도 이 과의 내용은 하나님과의 관계를 성숙시키는 방법이다. 만일 순원들이 이 과에 직접적으로 관련이 없는 것을 토론하기 시작한다면 당신은 이와 같이 말하는 것이 좋을 것이다. "이것은 수세기 동안 사람들이 많은 관심을 가지고 있는 논제입니다. 실제로 성경에는 하나님이 우리를 선택하신 것과 우리들이 하나님을 선택한다는 말씀이 많이 언급되어 있습니다. 그리스도인의 삶 속에는 우리들이 천국에 가기 전까지는 이해할 수 없는 것들이 있다고 생각합니다. 예정설은 우리들의 구속에 관한 하나님의 관점을 강조한 것이며, 반면에 오늘 우리의 토의는 인간이 하나님 아버지와의 관계를 발전시키는 것으로써 인간의 관점을 더욱 강조한 것입니다." 그 다음에 순모임을 계속하라.

- 에베소서 소개

A.D. 61년 혹은 62년경에 바울이 에베소에 있는 교회에 보내진 편지이다. 이 에베소서의 주제는 그리스도 안에서 새로운 위치를 가진 그리스도인의 올바른 삶이다. 에베소서 1장은 그리스도 안에 있는 하나님의 축복에 대해 강조한다.

- 시편 143편 소개

이 시는 분명히 다윗이 하나님을 향해 특별한 갈급함을 느끼던 어느 날, 경건의 시간에 쓴 것처럼 보인다. 오늘 우리들이 보고 있는 시편은 두 가지 부류로 나뉘어진다. 첫째 부류는 공동의 예배에 사용하기 위해 쓰여진 것으로, 일반적으로 하나님의 성실하심에 대해 하나님을 찬양하는 것이며, 둘째 부류는 시편 143편과 같은 것으로 오늘날 우리들이 가지고 있는 경건의 일기와 같은 것이다. 시편 143편은 다윗이 하나님과 함께 시간을 가지면서 과거에 행하신 하나님의 성실하심(5절)을 묵상한 후 하나님께 드린 기도이다.

○ 준비 자료

사영리

○ 참고 자료

신앙 개념(TC) 제9권 '믿음으로 기도하는 방법'

성경공부 개요

1. 한 청년의 이야기
2. 나에 대한 하나님 아버지의 사랑을 발견함
   엡 1:3~8상
3. 하나님 아버지와 교제하는 시간

점검 Point

1. Short Film을 사용하여 친구들과 대화해 보라.
   1) 스마트폰에 Gateway앱을 설치하고 어떻게 사용하는지 연습을 하라.
   2) 1단계 영상을 본 후 제시되어 있는 질문들 중 적당한 것을 사용하여 친구들의 생각을 들을 수 있다.
2. 대화가 순조롭게 진행된다면 2, 3단계의 영상인 'Jesus Film'이나 '샌드아트사영리'로 이어가는 시도를 해 보라.
   1) 관계맺는 전도는 과정이 중요하므로 첫 만남에서 복음을 전하지 못했다고 실망할 필요는 없다.
   2) 공감과 경청을 통해 2차, 3차 만남으로 이어갈 수 있는 기회를 만들도록 하라.

06

하나님 아버지와의 관계를 발전시키기

개관목적 매일 매일의 경건의 시간을 통하여 하나님과의 관계를 지속시켜 가도록 동기 부여를 하는 데 있다.

학습목표 1. 하나님과의 관계를 발전시키기를 원해야 하는 이유를 설명할 수 있다.
2. 시편 143편에 나타난 경건의 시간에 유익한 다섯 가지 요소를 확인할 수 있다.

1. 한 청년의 이야기

한 청년이 집을 떠나서 행복을 찾고 싶어 했다. 그의 부모는 그가 집을 떠나기에는 아직 이르다고 타일렀지만 그는 떠나야만 한다고 고집했다. 그는 아버지가 미리 작성한 유서의 내용을 알고 있었으며, 아버지가 돌아가시기까지 더 기다릴 수가 없었던 것이다. 그는 자기 몫의 유산을 달라고 졸랐다. 그의 부모는 마음이 놓이지 않았으나 그의 몫을 주어 보내기로 했다.

유산을 미리 받은 그 청년은 곧 바로 다른 도시로 가서 불량배들과 어울려 가져 온 그의 재산을 모두 탕진했다. 결국 그는 감옥에 갇히게 되었다. 재판관은 500달러의 벌금을 지불하기만 하면 즉각 석방시켜 주겠다고 했다. 그러나 그는 무일푼이었고 고향의 부모와도 소식을 끊은 지 1년이 넘었다. 그는 이제 감옥에 그대로 있든지, 석방되기 위해 아버지에게 연락을 하여 도움을 청하든지를 결정해야 했다. 그는 한동안 망설였다. 왜냐하면 아버지는 그가 집을 떠나기 전에 이미 이런 일들이 있을 것임을 경고했었기 때문이었다. 그는 '과연 아버지가 돈을 보내 수실까?'하는 것이 염려가 되었지만 용서를 빌며 도움을 요청하는 편지를 아버지께 보냈다.

1) 그는 아버지의 어떠한 반응을 예상했을까? 또 그는 어떠한 반응을 기대했을까?

감옥에 있을 동안, 그는 어떤 긍정적인 것을 기대할 권리, 즉 아버지로부터 교훈을 받을 수 있는 한 통의 편지마저도 예상할 수 없었을 것이다. 아버지의 경고대로 되어버린 자신을 용서하지 않을거라고 예상했을 것이다. 그러나 한편 아버지께서 용서하시고 석방에 필요한 벌금을 주실 것을 바랬을 것이다.

며칠 후 그 청년은 깜짝 놀랐다. 자기 아버지가 감옥에 나타난 것이다. 아버지는 벌금을 지불하고 아들을 끌어안았다. 아버지는 눈물을 글썽이면서 아들에게 얼마나 그를 그리워했는지와 안전하게 다시 돌아오도록 매일 기도한 사실을 말해 주었다. 아버지는 아들이 집에 온 것을 기뻐하며 그가 집에 돌아 온 것을 축하하기 위해 큰 잔치를 베풀었다.

2) 집에 돌아온 후, 아버지와 함께 시간을 보내면서 아들이 느낄 수 있었던 감정은 무엇이었을까?

아버지의 무조건적인 조건없는 사랑을 깨닫고 아버지와 함께 시간을 보내는 특권을 누렸을 것이다. 그리고 아버지의 지혜와 희생적인 사랑에 대해 깊은 존경심을 갖게 되며 아버지로부터 많은 가르침을 받게 되었음도 인식했을 것이다. 또한 그로 인해 아버지와 함께 시작된 새 생활의 순간마다 무한한 깊은 감사를 드렸을 것이다.

2. 나에 대한 하나님 아버지의 사랑을 발견함

에베소서 1:3~8상

1) 이 구절에 의하면, 하나님께서 우리를 위해 하신 일들은 무엇인가?

그는 그리스도 안에서 우리에게 모든 신령한 복을 주셨다. 또한 우리로 거룩하고 흠 없게 하시려고 창세 전에 우리를 택하셨고, 자녀로 삼으실 것을 예정하셨다. 그는 우리에게 은혜와 구속과 죄 사함을 주셨다.

2) 하나님께서는 자신을 알게 하려고 우리를 선택하셨고(4절), 우리를 자녀로 삼으셨나(5절). 우리를 향한 그의 사랑에 대해 우리가 발견할 수 있는 결론은 무엇인가?

하나님의 사랑은 결코 우리의 행위에 의존하지 않는다. 그의 사랑은 무조건적이고 풍부한 것이며, 오직 하나님에게서만 나온다.

명료하게 하는 질문

(1) 그 아들이 경험했을지 모르는 다른 감정은 무엇인가?
(2) 이 사건을 통해 그 아들이 아버지에 대해 배울 수 있었던 것은 무엇인가?

말하라

"우리가 방금 관찰했던 이 이야기는 누가복음 15장의 '탕자의 비유'의 현대판이다."

가교

"하나님은 우리를 그의 아들과 딸로 삼으셨다. 우리는 한때 그를 멀리 떠나 있었다. 그러나 그의 사랑은 우리 각자에게 그리스도를 통한 하나님과의 특별한 관계를 갖도록 했다. 하나님의 사랑을 알면 알수록 우리는 더 하나님과의 관계를 발전시키고 싶어진다. 에베소서 1장을 펴서 우리와 하나님과의 특별한 관계를 살펴보자."

관련지어 말하라

"에베소서는 A.D. 61년 혹은 62년경 사도 바울이 에베소 교회에 보낸 편지이다. 이 편지는 그 부근에 있는 다른 교회들에도 회람되었다. 에베소서의 주제는 하나님이 그리스도 안에서 이루신 모든 것들에 근거한 그리스도인의 올바른 삶이다. 특히 에베소서 1장은 하나님께서 우리를 위해 이루신 것에 관해 말해준다."

명료하게 하는 질문

(1) 다른 생각들이 있는가?
(2) 우리가 하나님의 사랑을 받을 만한 일을 한 적이 있는가?

3) 하나님 아버지께서는 그의 택함 받은 자녀인 우리가 무엇을 소유하기를 원하시는가?

하나님 아버지께서는 우리가 행복하고 충만하게 살기를 원하실 뿐 아니라 그 앞에서 거룩하고 흠 없기를 원하신다. 또한 사랑과 감사로써 주님께 응답하며 살 것과 택한 자녀답게 자녀의 권리를 누리며 살기를 원하신다.

명료하게 하는 질문

(1) 택함을 받았다는 것은 무엇을 의미하는 것인가?
(2) 양자로 삼은 아이를 위해 그 부모가 마련할 것들은 무엇인가?
(3) 하나님은 우리가 그에게 어떻게 반응하기를 원하신다고 생각하는가?
(4) 우리가 하나님을 두려워할 때 하나님을 기쁘시게 할 수 있을까? 왜 아닌가?

4) 하나님 아버지는 전혀 자격이 없는 우리를 자녀로 삼으셨고 우리의 모든 죄를 용서하셨다. 그렇다면 우리는 하나님과 어떤 관계를 가져야 하는가?

우리는 최대한으로 그와 친밀한 관계를 발전시켜야 하며, 무슨 일을 하든지 하나님을 기쁘시게 해야 한다. 또한 온 마음으로 그의 사랑에 반응하며 더욱 그를 사랑해야 한다.

명료하게 하는 질문

(1) 우리가 하나님 아버지를 기쁘시게 할 수 있는 방법은 무엇인가?
(2) 하나님은 이미 우주 전체를 소유하고 계시는데, 우리는 하나님께 무엇을 드릴 수 있을까? 하나님이 아직 소유하시지 않은 것은 무엇인가?

우리는 우리 자신을 하나님께 드릴 수 있다. 그리고 하나님과 함께 시간 보내기를 열망해야 할 것이다.

가교

"우리는 하나님과 함께 시간을 보내며 하나님과의 관계를 성숙시키길 원하고 있다. 그렇다면 경건의 시간을 통하여 하나님과 교제할 수 있는 방법을 찾아보도록 하자. 이제 시편 143편에서 시편 기자가 가졌던 경건의 시간의 특성을 찾아보자."

관련지어 말하라

"우리가 오늘날 가지고 있는 시편은 두 가지의 기본적인 부류가 있다. 몇몇 시편은 많은 사람들이 하나님께 예배할 때 사용할 수 있도록 쓰여졌다. 그러나 시편 143편은 둘째 부류에 속하는 시편으로 한 개인, 곧 다윗이 주님과 함께 시간을 보내면서 쓴 기도이다."

3. 하나님 아버지와 교제하는 시간

시편 143편

1) 하나님께 이런 기도를 드렸을 때 다윗의 심정은 어떠했겠는가? 또 그는 어떠한 태도를 취하고 있는가?

그는 자신의 비참하고 절망스러운 상황에 어찌할 바를 몰랐다. 그러나 그는 간절히 하나님을 찾았으며 하나님의 신실하심을 확신하고 겸허하게 순종하려는 태도를 취했다.

명료하게 하는 질문

(1) 다윗은 자신의 상황에 대해 어떠한 태도를 보였는가?
(2) 다윗은 하나님에 대해 어떠한 태도를 취하고 있는가?

2) 다윗이 열린 마음으로 하나님과 교제할 수 있었던 이유는 무엇이라고 생각하는가?

그는 하나님을 분명히 알고 있었고 항상 하나님과 밀접한 관계를 유지해왔기 때문이다.

명료하게 하는 질문

(1) 다윗의 이 기도를 보면서 다윗이 하나님과 어떤 관계를 가졌었다고 생각하는가?
(2) 이 기도가 다윗에게 하기 힘든 것으로 보이는가?

관련지어 말하라

"하나님과 동행했던 다윗의 삶을 잠시 관찰하며 그에게서 배울 점을 생각해 보자. 그는 분명히 하나님과 가까이 동행했다."

3) 다윗과 하나님과의 관계에서 지금 당신의 것이 되기를 바라는 것은 무엇인가?

열린 마음, 정직한 교제, 자신의 문제들에 대한 돌보심의 확신, 문제 해결을 위한 기꺼운 노력 등

명료하게 하는 질문

(1) 나머지 다른 사람들의 생각은 어떠한가?

(2) 다윗이 하나님과 동행함에 있어서 가장 인상 깊었던 것은 무엇인가?

관련지어 말하라

"이 시편에서 보여주는 다윗이 하나님과 가졌던 관계를 우리도 똑같이 가질 수 있다. 하나님 아버지께서는 우리가 하나님과의 관계를 발전시키기를 원하신다. 이제 시편 143편에서 다윗이 가졌던 경건의 시간의 일반적인 기본 요점에 대해 토의해 보자."

4) 이 기도 속에서 매일 매일의 하나님과의 교제 시간에 우리가 적용할 수 있는 요소들은 무엇인가?

먼저 하나님이 어떤 분이신가에 초점을 맞추고 이전에 우리의 삶에서 하나님이 이루신 일들을 묵상할 수 있다. 그리고 현재 우리의 삶에서 일어나는 일들에 대해 정직하게 하나님께 아뢰고 신뢰를 표현할 뿐 아니라 우리의 삶을 양도해 드릴 수 있다.

명료하게 하는 질문

(1) 우리가 할 수 있는 것으로써, 다윗이 그의 경건의 시간에 했던 일들은 무엇인가?

(2) 5절에서 다윗이 했던 일은 무엇인가?

5) 하나님이 과거에 말씀하셨고 행하셨던 것을 묵상할 수 있는 방법들은 무엇인가?

이전에 나 자신에게 보여주신 하나님의 신실하심과 응답하신 기도들을 생각할 수 있다. 그리고 하나님의 말씀을 공부함으로써 '하나님이 어떤 분이신가' 또한 '이전에 다른 사람들을 어떻게 인도하셨는가'를 배울 수 있다.

명료하게 하는 질문

(1) 다른 생각들이 있는가?

(2) 하나님이 우리를 위해 행하셨던 모든 것에 대해 스스로 깨달을 수 있는 좋은 방법은 무엇인가?

6) 우리가 하나님 아버지와의 관계를 맺기 위해 이번 주에 우선적으로 할 수 있는 일들은 무엇인가?

우리는 하나님이 주신 말씀을 읽으며 하나님과 함께 시간을 보낼 수 있다. 또한 온 종일 끊임없이 하나님을 생각하며, 대화하고 믿음으로 삶의 모든 문제들을 맡길 수 있다.

명료하게 하는 질문

(1) 하나님께 우리의 사랑을 표현할 수 있는 실제적인 방법들은 무엇인가?
(2) 우리는 어떻게 하나님을 더 잘 알 수 있는가?

관련지어 말하라

"우리가 경건의 시간을 가장 잘 가질 수 있도록 돕는 다섯 가지 요소를 요약해 보자. 대부분이 여러분에게 이미 언급한 것들을 단지 정리한 것이다."

7) 경건의 시간에 기억해야 할 다섯 가지 요소

(1) 하나님이 어떤 분이신가를 배우라.
(2) 성경을 통해 하나님이 행하시고 말씀하시는 것을 배우라.
(3) 하나님께 정직하게 당신의 필요를 아뢰라.
(4) 하나님을 향한 신뢰를 표현하라.
(5) 하나님께 당신의 의지를 드리라.

관련지어 말하라

"다음 시간에는 '그리스도 안에서의 새 생활'에 대해 토의할 것이다. 주요 말씀은 골로새서 3:1~17 이다. 생생한 토의가 되도록 미리 이 말씀을 읽고 공부해 오기 바란다."

과제 **하나님과의 규칙적인 경건의 시간을 갖기 위한 계획을 세우라**

① 방해받지 않을 조용한 장소를 택하라.

② 하루 중 가장 민감하게 하나님께 응답할 수 있는 시간을 택하라.

③ 다음과 같은 합리적인 목표들을 세움으로써 시작하라.

- __________ 찬양·감사와 하나님께 대한 당신의 신뢰를 표현하는 데 소요될 시간
- __________ 성경 공부에서 하나님이 어떤 분이시고 그가 약속하신 것이 무엇인가를 배우는 데 소요될 시간
- __________ 하나님께서 당신의 필요를 채우시도록 요청하고, 하나님께서 당신을 통해 하시고자 하는 일에 순종함을 표현하는 데 소요될 시간

점검 Point

1. Short Film을 사용하여 친구들과 대화해 보라.

1) 스마트폰에 Gateway앱을 설치하고 어떻게 사용하는지 연습을 하라.
2) 1단계 영상을 본 후 제시되어 있는 질문들 중 적당한 것을 사용하여 친구들의 생각을 들을 수 있다.

2. 대화가 순조롭게 진행된다면 2, 3단계의 영상인 Jesus Film이나 샌드아트사영리로 이어가는 시도를 해 보라.

1) 관계맺는 전도는 과정이 중요하므로 첫 만남에서 복음을 전하지 못했다고 실망할 필요는 없다.
2) 공감과 경청을 통해 2차, 3차 만남으로 이어갈 수 있는 기회를 만들도록 하라.

*참고: Short Film 전도방법에 대해서는 '관계맺는 전도를 위한 Gateway 세미나'에서 자세히 배울 수 있다.

*순장NOTE APP을 통해 자세한 내용을 확인하세요.

07

그리스도 안에서의 새 생활

"어떤 사람이 그리스도인이 될 때, 그는 내부로부터 전혀 새로운 사람이 된다.
그는 더 이상 이전과 같지 않다. 새로운 삶이 시작된 것이다!"

- 고후 5:17, Living Bible

준 비

ㅇ 개인 점검

당신이 집중할 수 있는 30분 이상의 시간을 충분히 확보하고, 성경과 순모임 교재를 준비하라. 그리스도의 죽으심과 장사 지냄 및 부활과 승천하심에 연합된다는 말이 무엇을 의미하는 것인지를 깊게 이해할 수 있도록 하나님께 기도하라. 먼저 교재의 문제들에 답하고 MD_Giude의 답과 비교해 보라.

당신 자신이 성령 충만한지를 확인하라. 순원들이 그들의 '옛 사람'과 '새 사람'을 이해하면서 가지게 될 질문들을 미리 생각해 보라. 다른 사람만큼 빨리 자라지 못하는 순원들을 특별히 살피어 이 과목을 적용할 때 그들이 당황하거나 불안해 하지 않도록 하라.

- 에베소서 소개

에베소서는 A.D. 61년 혹은 62년경 에베소에 있는 교회에 바울이 보낸 편지로서 그리스도와 그의 죽으심, 장사 지냄, 부활에 그리스도인이 연합되는 것을 주제로 하고 있다. 에베소서 4장은 믿는 자들에게 그리스도 안에서 소유하게 된 새로운 신분으로 살아가도록 권면하고 있다.

- 골로새서 소개

골로새서 역시 A.D. 61년 혹은 62년경에 바울이 쓴 편지로 교회를 위협하고 있던 여러 거짓 교리들을 반박하기 위해 쓰여졌다. 이 거짓 교리들을 반박하기 위해 바울은 그리스도의 인격과 사역을 통해 그를 높이며 믿는 자와 그리스도와의 연합을 설명하고 있다.

성경공부 개요

1. 그리스도 중심의 사람의 특성

2. 새로운 관점

   골 3:1~4; 엡 2:5, 6; 엡 5:15, 16; 마 28:18~20

3. 새로운 결단

   골 3:5~11; 엡 4:22~25; 골 3:8~10

4. 새로운 생활 방식

   골 3:12~17; 갈 5:22, 23

점검 Point

1. S4U(성령소책자) 전하기

   1) 성령소책자 소개와 성령소책자를 전하는 방법을 이해하기
   2) 성령소책자를 전하는 방법에 따라 둘씩 짝지어 연습하기
   3) 전도하며 실제 성령소책자를 전하기

07

그리스도 안에서의 새 생활

개관목적 그리스도와 연합함으로 삶의 새로운 관점을 갖게 하며, 그리스도인으로서 새로운 생활 양식을 갖도록 동기 부여하는 데 있다.

학습목표
1. 그리스도와 연합한 결과로써 삶의 새로운 관점을 기술할 수 있다.
2. 새 사람을 입으려는 의지적 결단을 하는 데 있어서 자신들의 책임을 설명할 수 있다.
3. 우리의 새로운 생활양식에서 비롯된 성품의 여러 가지 특성들을 말할 수 있다.

1. 그리스도 중심의 사람의 특성

에베소서 1:3~8상

1) 그리스도 중심으로 사는 사람의 생활에서 나타나는 특성들을 열거해 보라.

하늘에 속한 모든 신령한 복을 받음(3절), 거룩하고 흠이 없음(4절), 하나님의 은혜를 찬송함(6절), 지혜와 총명이 넘침(8절)

2) 당신이 기록한 특성들과 당신 자신의 생활을 비교해 보고 변화되어야 할 부분들을 써 보라.

명료하게 하는 질문

(1) 여러분이 열거한 특성들은 무엇인가?

(2) 지금 기록한 특성들에 비추어 자신의 생활이 어떻게 변화되기를 원하는지 이야기할 사람이 있는가?

가교

"그리스도가 우리 안에 사심으로 우리는 새로운 삶을 살게 되었다. 또한 그리스도께서 우리의 생활에서 새로운 특성들을 생생하게 나타내시도록 맡길 수 있게 되었다. 그리스도와 연합된 결과로 우리가 어떻게 다른 삶을 살 수 있는지 살펴보자"

2. 새로운 관점

골로새서 3:1; 에베소서 2:5~6

1) 로마서 6장은 우리가 그리스도의 죽으심과 장사 지냄 및 부활과 연합되었다고 설명한다. 골로새서 3장 1~4절과 에베소서 2장 5~6절을 읽고 그리스도와 우리의 연합을 보여주는 또 다른 사실들을 말해 보라.

우리는 그리스도와 함께 일으킴을 받아 그와 함께 살게 되었으며 그 안에서 하늘에 앉게 되었다. 우리의 생명은 그리스도와 함께 하나님 안에 감추어져 있으며, 그리스도께서 나타나실 그때에 그와 함께 영광 중에 나타날 것이다.

2) 바울은 골로새서 3장 1~4절에서 우리가 어디에 초점을 맞추어야 한다고 말하는가?

우리 마음을 땅의 것이나 물질적인 것에 두지 말고 하늘나라의 것을 찾고 생각해야 한다고 말한다.

명료하게 하는 질문

(1) 이 태도가 불신자와는 어떤 점에서 다른가?
(2) 다른 사람들의 생각은 어떠한가?

3) 당신이 하늘에 들려 올라가 그리스도와 함께 앉아 있다고 상상하며 마태복음 6장 19~21절, 31~34절을 읽으라. 하늘에서의 당신의 위치는 실제 생활에서 당신의 욕구와 가치관에 어떤 영향을 끼치겠는가?

우리의 소유를 땅에 쌓아 두려고 하기 보다는 오히려 하늘에 쌓아 두려고 할 것이다. 또한 땅에서 필요한 것들을 위해 염려하기 보다는 먼저 하나님의 나라와 하나님의 의를 구하게 될 것이다.

명료하게 하는 질문

(1) 다른 생각을 가진 사람이 있는가?

(2) 그리스도 안에서의 우리의 위치는 우리의 삶의 목표에 어떠한 영향을 미치게 되는가?

4) 에베소서 5장 15~16절과 마태복음 28장 18~20절을 읽으라. 우리는 그리스도와 영원히 함께 살 것이다. 그렇다면 그리스도 안에 있는 우리는 이 땅에서 우리에게 주어진 시간을 어떻게 사용해야 하는가?

우리는 사람들을 그리스도께로 인도하는 일에 우리의 시간을 최대한 투자해야 한다. 또한 그리스도의 지상 명령인 사람들을 그리스도께로 인도하여 그들을 제자화하는 일에 적극 참여해야 한다.

가교

"이제 우리는 땅의 것을 추구하는 삶과 하늘의 것을 추구하는 삶, 이 두 가지 삶 사이에서 우리의 생애를 위한 하나님의 최선을 경험하기 위해 어떤 결단과 선택을 해야 하는지를 살펴보자."

3. 새로운 결단

골로새서 3:5~11

1) 이 구절은 우리의 옛 생활 습관에 대해 어떻게 설명하고 있는가?

음란, 부정, 사욕, 악한 정욕, 탐심(우상 숭배)대로 살려는 소욕과 아울러 분노, 악의, 훼방, 부끄러운 말 등의 특성은 옛 생활 습관의 증거이다.

에베소서 4:22~25; 골로새서 3:8~10

2) '옛 사람'을 벗어 버리고 '새 사람'을 입으라는 말은 무슨 뜻인가?

그것은 마치 더러운 옷을 벗어 버리는 것과 같이 그리스도 앞에서 의지의 결단으로 자신의 옛 사람의 성품을 벗어 버리고 새 사람의 성품을 입는 것이다. 그리스도는 이미 새로운 심령과 함께 점점 의롭고 거룩하게 되어가는 삶으로 특징지어지는 새 옷을 우리에게 주셨다.

명료하게 하는 질문

(1) 그것이 뜻한다고 생각되는 또 다른 것들은 무엇인가?
(2) 옛 사람을 벗어 버리고 새 사람을 입는다는 것을 설명하는 예화나 실례를 들어 볼 수 있는가?
(3) 이 구절과 더러운 옷을 벗어 버리고 새 옷을 입는 것 사이에는 어떤 유사점이 있는가?

3) 우리를 향한 하나님의 크신 사랑 때문에 하나님은 우리 각자에게 자유 의지를 주셨다. 우리의 자유 의지와 우리의 '옛 사람', '새 사람'은 어떤 연관이 있는가?

우리 각자는 자유로운 선택을 할 수 있다. 즉, 우리는 옛 생활 습관이 우리를 지배하도록 허락할 수도 있고, 매일의 경험 속에 새로운 삶의 진리를 적용할 수도 있다.

명료하게 하는 질문

(1) 다른 의견이 있는가?

(2) 자유 의지를 가진다는 것은 무엇을 뜻하는 것인가?

(3) 만일 우리가 새로운 성품을 소유한 것을 믿는다면, 당신은 하나님이 우리에게 새로운 생활 방식도 주시리라고 생각하는가?

"로마서 8장과 갈라디아서 5, 6장은 육신(옛 사람)의 문제는 성령께 우리의 삶을 지배하시고 다스리시도록 맡김으로써 해결될 수 있다고 설명한다. '새 사람'을 입는다는 것은 성령께서 우리를 지배하시고 다스리시도록 우리의 의지를 결단하는 일을 말한다."

가교

"골로새서의 이 말씀에서 바울은 '새 사람'을 입은 결과로 인한 새로운 생활 방식을 갖도록 믿는 사람들을 권면하고 있다. 이제 바울이 말하고 있는 새로운 생활 방식의 특성들을 살펴보자."

4. 새로운 생활 방식

골로새서 3:12~17

1) 이 구절에서 볼 수 있는 새 사람의 성품들은 무엇인가?

사랑, 평강, 감사, 말씀 안에 풍성히 거하고 지혜로 가르치며 권면함(하나님의 말씀에 대한 이해와 적용 및 말씀을 잘 가르치는 능력), 찬미, 말에나 일에나 다 주 예수의 이름으로 함(일에 있어서의 탁월함) 등이다.

갈라디아서 5:22~23

2) 이 말씀에 나오는 성령의 열매와 골 3장 12~17절에서 나오는 새 사람의 성품들 사이에는 어떤 관계가 있다고 생각하는가?

일치한다. 우리 안에 있는 성령의 열매는 자연적으로 골 3:12~17에 언급된 성품들이 드러나도록 한다.

명료하게 하는 질문

(1) 그밖에 나른 것을 첨가하고 싶은 것이 있는가?

(2) 골 3:12~17에 의하면, 우리가 다른 사람들을 섬길 수 있도록 성령께서 우리 안에 나타나게 하는 성품들은 무엇인가?

3) 골로새서 3장 16절에서 "그리스도의 말씀이 너희 속에 풍성히 거하여"가 뜻하는 바는 무엇인가?

하나님의 말씀을 공부하고, 깨달으며, 암송하고, 묵상하는 데 시간을 보내는 것을 뜻한다.

명료하게 하는 질문

(1) 다른 생각을 가진 사람이 있는가?
(2) '거하여'라는 말이 무엇을 뜻한다고 생각하는가?
(3) '풍성히'를 어떻게 정의하겠는가?

4) 만일 그리스도의 말씀이 우리 속에 풍성히 거하지 않는다면 우리의 새로운 생활 방식은 어떤 영향을 받게 될 것인가?

새로운 생활 방식이 어떤 것이며, 어떻게 성령께서 우리 안에서 새로운 생활 방식을 나타내시는지를 모르게 될 것이다.

명료하게 하는 질문

(1) 하나님의 말씀을 전혀 읽지 않는 그리스도인에게는 어떠한 일이 일어나게 되는가?
(2) 이러한 사람이 자신의 본성으로 모순 없이 잘 살 수 있겠는가?

말하라

"이제 잠시 교재에 있는 다른 질문들에 답해 보자."

5) '새 사람을 입기' 위해 당신이 해야 하는 일들은 무엇인가?

시간을 선용함, 사람들을 그리스도께로 인도함, 하늘나라의 가치를 소유함, 보는 것과 생각하는 것에 주의함(스마트폰, 텔레비전 등).

관련지어 말하라

"그리스도인의 삶은 진보하는 삶이다. 그것은 우리가 그리스도와 그가 우리를 위해 예비하신 모든 유익한 것을 점점 깊이 알아가는 것을 의미한다. 우리는 우리의 삶에서 매일 매일 '새 사람'이 나타나도록 해야 한다."

"기도는 우리의 삶이 변화되도록 하는 중요한 역할을 한다. 이제 잠시 동안 우리의 삶을 하나님이 원하시는 대로 빚어 주시도록 기도를 하자. 우리 중에 몇 명이 기도하고, 마지막으로 내가 기도하고 마치겠다."

"다음 시간에는 '그리스도인의 영적 싸움'에 대해 토의할 것이다. 주요 말씀은 에베소서 6:10~18이다. 생생한 토의가 되도록 미리 이 말씀을 읽고 공부해 오기 바란다."

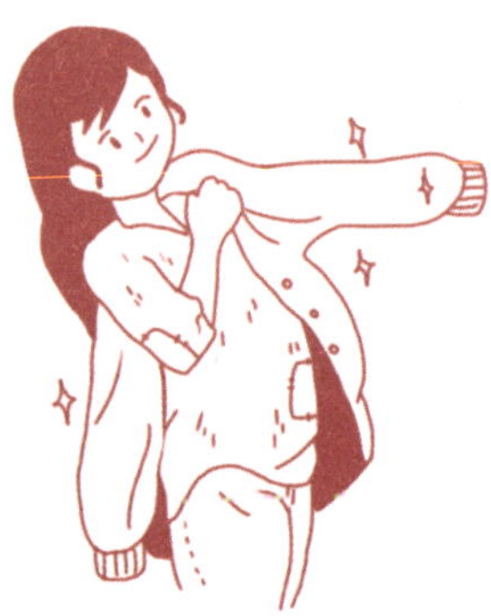

점검 Point

1. S4U(성령소책자) 전하기

1) 성령소책자 소개와 성령소책자를 전하는 방법을 이해하기

2) 성령소책자를 전하는 방법에 따라 둘씩 짝지어 연습하기

3) 전도하며 실제 성령소책자를 전하기

*순장NOTE APP을 통해 자세한 내용을 확인하세요.

08

그리스도인의 영적 싸움

"밤이 깊고 낮이 가까웠으니
그러므로 우리가 어둠의 일을 벗고 빛의 갑옷을 입자"

- 롬 13:12

준 비

○ 개인 점검

에베소서 6:10~18에 집중할 수 있도록 1시간을, 또한 이 과를 위해 최소한 45분 이상의 시간을 확보하라. 질문에 답하기 위한 자료로 성경만을 사용하여 순모임 교재를 자세히 공부하라. 신실하게 하나님을 찾고 당신이 가진 무기들을 더 효과적으로 사용할 수 있는 방법을 간구하며 적용의 질문들에 대해 충분한 시간을 가지고 답해 보라. 당신이 처했던 영적 싸움을 자세히 생각해 보라. 그리고 최소한 당신이 순원들과 나눌 수 있는 적용 한 가지를 정하고, 적용란의 빈칸을 채우라. 그 다음에 주의 깊게 MD_Guide를 참고하고, 특히 무기들에 관한 설명을 연구하라. 각각의 무기와 영적 싸움에서의 역할을 분명히 이해하라.

- 에베소서 소개

A.D. 61년 혹은 62년경 바울이 로마 감옥에 갇혀 있을 동안 에베소에 있는 교회에 이 편지를 썼다. 에베소서의 주제는 그리스도 안에서 새로운 위치를 가진 그리스도인의 올바른 삶이다. 에베소서 6장은 그리스도인이 처한 영적 싸움에 관해 말하고 있다.

○ 참고 자료

10단계 성경 교재 2단계 5과 “우리는지금 전쟁 중!”

성경공부 개요

1. 한 군인의 이야기

2. 싸움을 위한 준비

   엡 6:10~18

3. 전신갑주

4. 무기들을 매일 활용하기

점검 Point

1. 순모임을 위한 준비
   1) 순과 순모임의 정의, 성경의 예, 순모임의 목표에 대해 이해하기
   2) 순모임을 하지 못하는 이유와 순모임의 시작에 대해 이해하기
   3) 순모임을 시작할 수 있도록 기도하기

08

그리스도인의 영적 싸움

개관목적 영적 싸움에서 승리하며 살도록 무장시키는 데 있다.

학습목표
1. 영적 싸움에서 사용되는 무기들을 말할 수 있다.
2. 각 무기의 용도를 설명할 수 있다.
3. 영적 싸움에서 이러한 무기들을 어떻게 사용할 수 있는지 그 방법을 설명할 수 있다.

1. 한 군인의 이야기

2차 대전이 끝날 때쯤 남태평양에 있는 한 섬의 정글에서 부상당한 채로 낙오된 군인이 있었다. 그는 적의 수색대에 의해 체포되거나 사살 당할 것을 몹시 두려워하면서 식량과 은신처를 찾아 헤매야만 했다. 그렇게 그는 수년 동안 숨어서 지내고 있었다. 그러던 어느 날 그는 아주 초췌한 모습으로 마을 근처를 지나다가 우연히 아군 몇 명과 마주치게 되었다. 그는 너무 기뻐서 그들을 끌어안았다. 그리고 곧 자기 이야기를 털어 놓으며 적군이 이 섬에서 물러갔는지를 물었다. 그의 말을 들은 사람들은 깜짝 놀랐고, 또한 깊은 동정을 금치 못했다. 왜냐하면 전쟁은 이미 오래 전에 그의 나라의 승리로 끝났기 때문이었다.

말하라

"이 이야기는 한 그리스도인의 생활 속에서 일어날 수 있는 일과 유사하다. 이 군인처럼 그리스도인도 이미 사단과의 싸움에서 승리한 것을 알지 못하기 때문에 패배와 좌절에 빠져 살게 되는 것이다."

1) 이 군인과 자신이 승리했다는 사실에 대해 알지 못하는 그리스도인 사이의 유사점은 무엇인가?

둘 다 공포 속에서 살며 혼자서 싸우려 하고, 사람들과의 교제로부터 멀어져가고 있다. 또한 패배감을 가지기도 한다. 이미 자신들이 싸움에서 승리한 것을 알 때에 비로소 자유를 체험할 수 있게 된다.

2) 만일 이 군인이 자기편이 승리하고 있음을 알고 있었다면 그의 태도는 어떻게 변했을까?

그는 싸우는 것에 더 큰 자신을 가졌을 것이며 그의 모든 임무에 더 큰 확신으로 임했을 것이다.

관련지어 말하라

"성경은 그리스도인의 삶이 단순한 삶일 뿐만 아니라 싸움인 것을 매우 분명하게 가르치고 있다. 그러나 많은 그리스도인들이 이것을 알지 못한다. 그들은 그리스도인의 삶을 모든 시련, 곤란, 시험들을 피해가는 것으로 생각하여 이 세상에서 그들이 사는 동안 거의 문제에 빠지지 않을 것이라고 기대한다. 사실상 우리는 사단에 의해 지배되고 있는 이 세상을 사는 나그네와 순례자이다(벧전 2:11). 우리는 계속적인 시험과 어려움을 만날 것이다. 그리스도인의 삶이란 승리하는 삶이어야 한다. 그렇지만 언제나 쉬운 것은 아니다. 우리는 끊임없이 주 안에서와 그 힘의 능력으로 강건해져야 한다(엡 6:10). 그리스도께서 우리를 위해 싸우시도록 하지 않는다면 우리는 싸움에서 결코 승리할 수 없다. 우리는 좋은 군인이 되기 위한 모든 것을 가지고 있다. 즉, 그리스도와 함께 하고 있다."

가교

"사단과의 싸움에서 우리가 승리를 체험할 수 있는 방법에 관해 성경에서 찾아보자."

2. 싸움을 위한 준비

"에베소서는 A.D. 61년 혹은 62년경 바울이 에베소에 있는 교회에 쓴 편지이다. 그는 그때 로마의 감옥에 갇혀 있었고 로마 간수가 그의 곁에 항상 배치되어 있었다. 이 에베소서의 주제는 그리스도 안에서 새로운 위치를 가진 그리스도인의 올바른 삶이다. 우리는 그리스도인의 생활에 관한 그의 결론적인 견해를 살펴보고 있다. 여기에서 그는 그리스도인들의 싸움에 관해 말하고 있다."

에베소서 6:10~18

1) 이 말씀을 보면 그리스도인이 직면하는 싸움을 어떻게 설명할 수 있는가?

그리스도인이 직면하는 모든 싸움은 혈과 육에 대한 싸움이 아니라 사단과 악한 영들에 대한 싸움이다.

명료하게 하는 질문

(1) 그밖에 다른 것은 무엇인가?
(2) 우리는 누구를 대적하고 싸우고 있는가?

2) 악한 영들을 대적하기 위해 주님이 우리에게 주신 여러 가지 무기는 어떤 것들이 있는가?

전신갑주: 진리의 허리 띠, 의의 흉배, 평안의 복음의 신, 믿음의 방패, 구원의 투구, 성령의 검(하나님의 말씀)

명료하게 하는 질문

(1) 또 다른 것이 있는가?
(2) 여섯 가지 무기 가운데 우리가 잃어버린 것은 무엇인가?

3) "주 안에서와 그 힘의 능력으로 강건하여지고"의 의미는 무엇인가? (10절)

적에게 대항하기 위해 내게 능력 주시는 주님을 신뢰하는 것을 의미한다. 인간 스스로의 힘으로 초자연적인 능력과 대항해서 싸운다는 것은 불가능하다. 우리의 싸움은 하나님께 속한 것이다.

명료하게 하는 질문

(1) 다른 생각을 가진 사람이 있는가?
(2) 그것은 누구의 싸움인가?

말하라

"전신갑주의 각 부분에 대해 더 자세히 조사해 보자".
"로마 군인은 그의 허리에 15~20cm 폭의 허리 띠를 한다. 그가 입는 모든 것들이 이 허리띠에 의해 고정이 된다. 그의 치마도 허리띠에 고정되어 있어서 자유롭게 움직일 수 있고, 그의 칼 또한 허리띠에 걸게 되어 있다. 허리띠는 전신갑주의 아주 기본적인 부분이다."

3. 전신갑주

1) "진리로 너희 허리 띠를 띠고"의 의미는 무엇인가? (14절)

자신의 주위를 진리로 감싸는 것으로, 예수 그리스도와 그의 말씀 안에 거하고, 말씀에 대한 이해와 지식이 점점 자라가며, 자신의 삶에 그 말씀을 적용시키는 것을 의미한다.

명료하게 하는 질문

(1) '진리'의 의미는 무엇인가?
(2) 그리스도인들에게 있어서 진리의 근원은 무엇인가?

2) "의의 호심경을 붙이고"의 의미는 무엇인가? (14절)

호심경은 갑옷 가슴부분을 보호하기 위해 붙이는 구리조각이다. '의의 호심경'이란 그리스도의 의이며, '의'가 의미하는 것은 하나님 앞에서 바르게 서는 것을 말한다. 우리는 그리스도와 연합되었으므로 그리스도의 의로 의로워졌다. 그러므로 우리는 의의 호심경을 붙이고 있을 때만 하나님 앞에 설 수 있다는 것을 알게 되며, 또한 이미 승리했다는 사실을 알게 된다.

명료하게 하는 질문

(1) 호심경이란 무엇인가?
(2) 그것은 무엇을 보호하는 것인가?

3) 의의 호심경을 갖추어야 하는 중요한 이유들은 무엇인가?

호심경은 우리 몸에서 가장 중요한 심장을 보호하기 때문에 매우 중요하다. 바울은 하나님 앞에서 우리가 의롭다는 것을 아는 것이 사단에게 대적하고, 또 견고히 서기 위해서 절대적으로 필요한 것이라고 말한다. 불의는 그리스도인의 생활에 치명적이며, 고백하지 않은 죄는 하나님과 우리의 관계를 단절시킨다.

명료하게 하는 질문

(1) 다른 사람들은 어떻게 생각하는가?
(2) 우리가 하나님 앞에서 의롭다는 것을 아는 것은 얼마나 중요한가?

관련지어 말하라

"바울이 말한 전신갑주 중에서 '평안의 복음이 준비한 것으로 신을 신고'라는 이 구절은 구약 성경을 참고하지 않고는 설명하기 어렵다. 이사야 52:7을 읽어 보자."

말하라

"'평안의 복음' 즉, '좋은 소식'이란 말은 유대인들이 바벨론에 포로로 잡혀 갔을 때부터 언급되기 시작한 말이다. 그들에게 있어서 평안의 복음이란 전쟁이 끝나고 싸움에서 승리했음을 의미하는 것이다. 여기 에베소서의 좋은 소식도 사단과의 싸움에서 이미 승리했음을 나타낸다. 따라서 이 구절은 단순한 복음 전도 이상의 죽음과 부활을 통해 사단을 이기신 예수 그리스도의 승리를 전해야 함을 말해주고 있는 것이다."

4) 우리는 사단과의 싸움에서 승리하였고 하나님과 화평하다는 것을 아는 지식으로 '신'을 신어야 한다. 15절에 묘사된 사람들의 삶은 어떨 것이라고 생각하는가?

신을 신는 것은 밖에 나가 돌아다니는 것을 암시한다. 그러므로 15절에 묘사된 사람들의 삶은 불신자들에게는 하나님과의 개인적인 관계를 갖는 방법을, 신자들에게는 그들의 고난과 염려와 고통을 이기신 그리스도의 승리를 전하는 삶을 말한다.

5) 영적 싸움에서 믿음을 사용하는 방법에는 어떤 것들이 있는가? (16절)

적의 공격으로부터 몸을 보호하는 방패처럼, 우리의 믿음은 사단의 공격으로부터 우리를 보호한다(유혹, 불순한 생각, 혼란 등).
'악한 자의 모든 불화살'은 우리를 믿음에서 넘어지게 하려는 사단의 악한 공격을 말한다. 그러나 믿음은 이 모든 공격을 물리치게 하여 우리를 보호한다.

명료하게 하는 질문

(1) 당신은 믿음을 어떻게 설명하겠는가?
(2) 믿음은 어떤 방법으로 우리를 보호하는가?

관련지어 말하라

"로마 군인의 투구는 딱딱하고 단단하여 뚫을 수 없을 뿐 아니라 깨어지지도 않는다."

6) '구원의 투구'라는 말을 사용한 바울의 의도는 무엇이라고 생각하는가? (17절)

구원의 투구란 진리이신 그리스도에 대한 지식과 사실들을 의미한다. 머리에 이러한 보호를 갖출 때 우리들은 하나님과의 올바른 관계를 유지하도록 영혼의 보호를 받게 된다.

7) 영적 싸움에서 하나님의 말씀은 어떤 방법으로 사용할 수 있는가? (17절)

이것은 유일한 공격 무기로 사단을 공격해서 쫓아내는 데 사용된다. 따라서 사단을 패배시키기 위해서 말씀을 인용할 수 있다. 또한 하나님의 말씀은 보호를 위한 방어 무기로도 사용되므로 우리가 하나님의 말씀으로 충만할 때 사단은 우리를 시험하거나 공격할 기회를 결코 얻지 못할 것이다.

명료하게 하는 질문

(1) 하나님의 말씀과 전신갑주의 다른 부분은 어떻게 다른가?
(2) 말씀은 어떤 방법으로 사단의 공격을 방어하는가?

관련지어 말하라

"여기에서 흥미 있는 관찰은 헬라어로 '하나님의 말씀'을 '레마(rhema)'라고 사용한 것이다. 이 단어는 단순히 쓰여진 단어라기보다는 특별 한 경우에 언급되는 선언을 말한다. 다른 말로 하면 특별한 목적을 위해 하나님의 말씀을 인용하거나 선언하는 것을 의미한다."

가교

"지금 우리는 우리가 싸워야 할 영적 싸움의 종류와 우리가 활용할 수 있는 무기들을 살펴보았다. 이제 그것을 실제로 활용하는 방법을 나누도록 하자."

4. 무기들을 매일 활용하기

1) 성령의 검, 곧 하나님의 말씀을 사용하도록 더 잘 무장되기 위해 우리가 할 수 있는 일들은 무엇인가?

순모임에서 그리고 개인적으로 성경을 연구하라. 그러면 우리는 그것이 실제로 말하고 있는 것을 알게 될 것이다.
암송하라. 그러면 말씀으로 우리 마음이 가득하여 항상 말할 준비가 될 것이다.
묵상하라. 그러면 그 구절의 다른 면과 의미를 생각하게 됨으로써 우리의 생활에 적용하게 해 줄 것이다.

2) 이러한 전신갑주를 활용하지 않은 결과는 무엇인가?

무기들	무기들을 활용하지 않은 결과들
(1) 진리의 허리띠	잘못된 생각이나 교훈을 따름. 믿음 없는 생활 태도를 가짐. 잘못된 교리를 믿음.
(2) 의의 흉배	하나님을 섬기지 않는 생활. 불필요한 죄책감을 가짐. 그리스도의 의를 소유한 것에 대해 망각함.
(3) 평안의 복음의 신	그리스도를 전하지 않음. 결과적으로 축복을 받지 못함.
(4) 믿음의 방패	좌절과 패배감, 불신. 영적인 일에 있어서 비효과적이며 능력 없는 삶을 살아감. 하나님이 주시는 승리의 삶을 경험하지 못함.
(5) 구원의 투구	하나님과의 관계가 불안함.
(6) 성령의 검	전도하는 일에 무기력해짐. 다른 사람을 효과적으로 상담할 수 없음. 하나님의 말씀에 대한 확신이 없고 그리스도인의 삶에 적극적이지 않음.

"다음 시간에는 '그리스도 안에서의 우리의 신분'에 대해 토의하게 될 것이다. 주요 말씀은 로마서 6:1~16과 8:12~17이다. 생생한 토의가 되도록 미리 이 말씀을 읽고 공부해 오기 바란다."

점검 Point

1. 순모임을 위한 준비

1) 순과 순모임의 정의, 성경의 예, 순모임의 목표에 대해 이해하기

2) 순모임을 하지 못하는 이유와 순모임의 시작에 대해 이해하기

3) 순모임을 시작할 수 있도록 기도하기

*순장NOTE APP을 통해 자세한 내용을 확인하세요.

MD Series

Multiplying Disciples 2

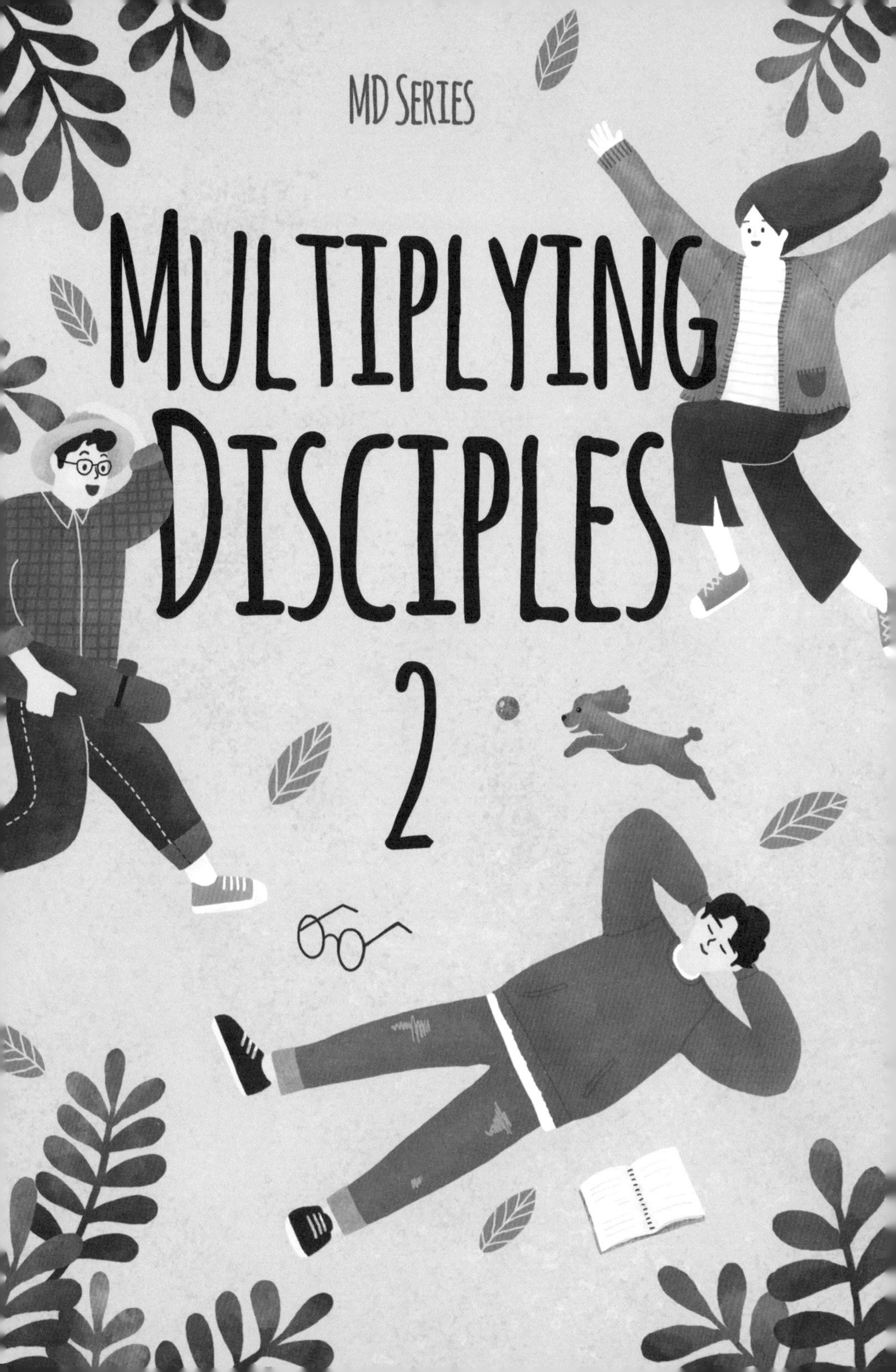

01

그리스도 안에서의 우리의 신분

만일 당신이 에덴동산에서 아담과 하와의 위치에 있었다면,
과연 하나님께 순종했을까를 생각해 본 적이 있는가?
우리도 그리스도 안에서 순종하기를 선택하는 데 있어서
그들처럼 자유롭다는 사실을 인식해야 한다.

준 비

ㅇ 개인 점검

당신이 집중할 수 있는 30분 정도의 시간을 확보하라. 성경과 순모임 교재 및 MD_Guide를 준비하라. 성령께서 하나님의 말씀을 깨닫는 통찰력을 주시도록 기도하라. 로마서 6:1~16과 8:12~17을 핵심 단어와 생각들을 노트하며 주의 깊게 공부하라. 교재를 먼저 공부한 다음 순모임 준비를 위해 MD_Guide를 참조하라.

중요시 해야 할 점은 이 과의 동기 부여 부분에 있다. 따라서 그것을 잘 제시하는 방법을 개발해야 하며, 또한 '2. 그리스도안에서의 우리의 신분'의 1)~6)에 대해 명료하게 하는 질문들을 준비해야 할 것이다.

- 로마서 소개

로마서는 기독교 교리에 대해 쓰여진 가장 위대한 서신으로, A.D. 57년경 바울이 고린도에서 기록한 것이다. 바울은 이 서신을 로마 교회에 보내어 지상 명령을 성취하는데 그들의 협력을 구하고, 그들을 교훈하며 자신의 방문 예정을 알리려 했다. 로마서 6장은 그리스도와의 연합을 설명하는 성경의 핵심 부분 중의 하나이다.

ㅇ 참고 자료

로마서 5~8장; 에베소서 1~2장,
신앙 개념(TC) 제3권 '성령 충만을 받는 방법'

성경공부 개요

1. 용서 받은 죄수 이야기

2. 그리스도 안에서의 우리의 신분
   롬 6:1~16

3. 우리의 새로운 신분에 따라 살기 위한 능력
   롬 8:12~17

4. 우리의 새로운 신분의 실제화

점검 Point

1. 육성만남 초청하기
   1) 첫 번째 개인 육성 만남을 약속하는 방법 이해하기
   2) 시범 대화를 숙지하고 둘씩 짝지어 연습하기
   3) 전도 후에 실습하기

01

그리스도 안에서의 우리의 신분

개관목적 그리스도 안에서의 우리의 신분이 어떻게 죄의 세력으로부터 자유를 얻게 되는지를 알게 하는 것이다.

학습목표
1. 그리스도 안에서의 우리의 신분의 의미를 설명할 수 있다.
2. 새로운 신분에 따라 살기 위한 능력의 원천을 설명할 수 있다.
3. 새로운 신분에 따라 살아가는 네 단계의 과정을 말할 수 있다.

1. 용서 받은 죄수 이야기

사형수였던 한 죄수가 오랜 시간 감옥에 복역하고 있다가 사면을 받았다. 석방이 되고 그는 다시 일반인의 삶을 살기 시작했다. 그는 직장에도 잘 적응하고, 그의 가정에 대한 의무와 개인적인 일들도 잘 처리하면서 사회에 잘 적응하는 것 같아 보였다. 그런데 어느 날 이 사람이 행하는 이상한 문제를 발견하게 되었다. 그것은 그가 종종 감옥으로 되돌아가 죄수의 역할을 하고 있는 것이었다. 그가 감옥에 들어와 있는 것이 발견될 때마다 그를 다시 집으로 돌려보냈지만, 어찌된 일인지 그는 자꾸 감옥으로 되돌아 왔다.

이 이야기는 조금 과장되게 들릴지 모른다. 그러나 사실 얼마나 많은 그리스도인들이 이와 같은 방식으로 죄를 짓고 있는지 생각해보라.

2. 그리스도 안에서의 우리의 신분

로마서 6:1~16

1) 이 구절에 의하면, 그리스도와 연합하므로 우리에게 이루어진 사실들은 무엇인가?

우리는 그리스도의 죽으심과 합하여 세례를 받았다. 즉, 그와 함께 장사되었고, 그와 함께 십자가에 못박혔고, 그의 죽음, 부활, 승천과 연합된 것이다. 우리는 새 생명 가운데서 행하게 되었다. 우리의 생명은 그리스도로부터 온 것이다.

2) 세례에 대한 설명

'세례 받다(baptize)'의 어원은 그리스어로 밥티오(baptio)로 '물에 잠그다(to dip into)'라는 뜻이 있다. 이 단어는 로마서 6장 3절과 고린도전서 12장 13절에 사용되었으며, 원래는 그리스 군대 용어로 전쟁에 나가는 군사가 자기 칼을 피에 잠기게 하여 싸움에 임하는 각오를 보여 주는 의식을 묘사하는 데에 쓰였다. 또한 이 단어는 옷가지를 염료 속에 잠기게 하여 염색하는 것을 묘사하는 일상 가정 용어이기도 했다. 여기에서부터 '세례 받다'는 '~와 연합하다'라는 의미로도 사용되었다.

이 과의 초점은 그리스도 안에서의 우리의 신분이다. 롬 6:1~16을 복습하며 그리스도 안에서의 우리의 신분에 대해 언급하고 있는 부분을 강조하라.
예: "그리스도가 죽었으면 여러분도 죽었고 그리스도가 장사되었으면 여러분도 장사된 것입니다." 등

관련지어 말하라

"흰 셔츠를 붉게 염색하길 원한다고 가정해보자. 당신은 그 셔츠를 붉은 염료통에 담그거나 집어 넣을 것이다. 그 셔츠는 이제 붉은 색과 완전히 합해져서 다시 흰 셔츠라고 말할 수 없다. 그 셔츠는 전혀 새로운 모습을 가지게 된 것이다."
"로마서 6장에 있는 '세례'라는 말은 그리스도와 연합되는 것을 뜻한다. 우리가 그리스도를 영접했을 때 성령께서는 우리에게 새 생명과 새로운 신분을 주시기 위해 우리를 그리스도의 몸으로 변화시켜 세례를 베풀어 그와 연합하게 하셨다."
"이런 사실들이 그리스도 안에서 우리의 신분이 어떻게 바뀌었는지를 설명해주지만 실제로 우리의 신분이 새롭게 바뀌었다는 것에 대해 의문을 기질 수 있다. 이 의문을 풀기 위해 그리스도 안에서 새롭게 얻은 우리의 신분이 일상생활에 어떻게 영향을 미치는지 살펴보도록 하자."

3) '죄에 대하여 죽음'이 뜻하는 바를 당신 자신의 말로 설명해 보라.

죄를 짓지 않는 것, 더 이상 범죄하지 않고 죄 짓는 것에서 해방되는 것, 더 이상 죄의 세력에 굴복하지 않는 것, 성령의 능력에 의존하고 그 안에서 살며 하나님께 순종하기로 선택하는 것.

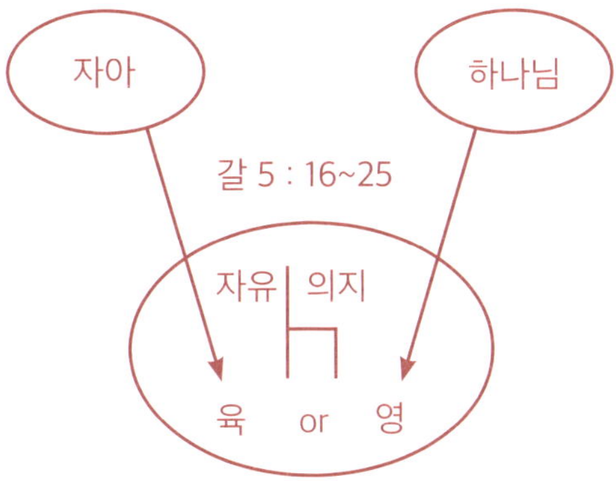

명료하게 하는 질문

(1) 다른 사람들의 생각은 어떤가?

(2) 본문 중에서 '죄에 대하여 죽음'을 나타내는 또 다른 구절은 무엇인가?

(3) 죄가 더 이상 당신을 지배할 수 없다는 말씀의 의미는 무엇인가?

요약하라

"하나님은 우리에게 순종하거나 혹은 불순종할 수 있는 선택권을 주셨다. 그리스도를 영접하기 전의 우리는 단지 불순종만 해왔다. 그러나 그리스도가 우리 안에 들어오실 때, 성령께서 우리 안에 사시면 우리는 순종하거나 불순종할 선택권을 가지게 된다. 만일 선택의 자유가 다시 주어지지 않았다면 우리가 '하나님을 대하여 산 자(11절)'가 되기는 불가능하다. 그러나 이제 예수 그리스도가 우리 안에 사시므로 우리는 그 안에서 새 생명을 경험할 수 있게 되었다."
"우리가 그리스도를 따르기 보다는 범죄할 욕망을 따르기로 선택할 때, 우리는 로마서 6장의 자유를 경험하지 못한다. 우리에게는 범죄하기로 결정하는 자유가 있다. 그러나 또한 우리는 범죄할 욕망에 반응을 하지 않을 자유도 있다. 이때 죄가 죽은 자에 대하여 아무 권세를 가질 수 없음 같이 더 이상 우리를 다스리는 것이 불가능하게 된다."
"로마서 6장은 그리스도가 죽으셨을 때 우리도 죄의 세력에 대해 죽었다고 말하고 있다. 다시 말하면, 우리는 범죄하는 것으로부터 해방되었다는 것이다. 로마서 7장은 만일 우리가 우리 힘으로 살려고 선택한다면 범죄할 욕망에 지배 받을 수 밖에 없음을 명확히 보여 준다. 그래서 로마서 8장은 매순간마다 우리가 성령 안에서 살아갈 때 우리는 죄의 세력으로부터 자유함을 경험할 수 있다는 것을 설명한다."

4) 3, 6, 9, 11, 13, 16절을 읽으라. 이 말씀에서 그리스도 안에서의 우리의 위치가 일상생활에 영향을 미치도록 하기 위해 필요한 행동들을 나타내는 동사들은 무엇인가?

3, 6, 9절 : 알라
11절 : 여기라
13절 : 드려라
16절 : 순종하라

이것은 그리스도 안에서 새롭게 된 우리의 신분에 따라 살아가는 네 단계의 과정이다.

명료하게 하는 질문

(1) 다른 의견은 없는가?
(2) '너희'와 함께 사용된 동사들은 무엇인가?

5) 어느 비행사의 예

비행기는 비행 위치와 그 항로 등을 알려 주는 각종 계기들을 갖추고 있다. 이 계기들은 시야가 어둡거나 저공비행을 할 때 특히 중요하다. 가끔 비행기가 짙은 구름 속을 통과하여 잘 볼 수 없을 때 비행사들은 위기에 처하게 된다. 방향 감각이 혼란해지며, 때론 현기증을 느끼기도 하고, 동체가 뒤집힌 채로 비행하는 것과 같은 느낌을 받기도 한다. 하지만 비행사는 눈으로 볼 수 없을 때도 비행기가 정상적인지, 아니면 뒤집혀 있는지를 알아야 한다. 그러한 때 비행사는 둘 중의 하나를 택해야만 한다. 비록 자신의 느낌과 감각과는 어긋나지만 계기가 보여주는 대로 이상 없이 비행하고 있다고 믿을 수도 있고, 혹은 자신의 느낌에 의존하여 방향 전환을 시도하다가 마침내 조정 능력을 잃은 채로 추락해 버릴 수도 있다.

말하라

"이와 같이 그리스도인인 우리는 정확한 생활 지침, 즉 하나님의 말씀을 가지고 있다. 우리는 죄에 대하여 죽은 것이나 그리스도 안에서 새 생명을 얻은 것을 느끼지 못할 때가 있을 것이다. 그러나 우리는 우리의 감정이 아니라 하나님의 말씀을 신뢰해야 한다. 비행에 필요한 계기들을 신뢰하는 비행사처럼 모든 생활의 지침이 되는 하나님의 말씀을 신뢰하는 것이다. 이렇게 할 때 우리는 죄의 세력에 굴복하지 않고 하나님의 말씀에 적극적으로 순종할 수 있을 것이다."

6) 우리 몸을 의의 병기로 드리는 데 대해 로마서 6장 12~16절은 무엇을 말하고 있는가?

오직 우리 자신을 죽은 자 가운데서 다시 산 자 같이 하나님께 드려야 한다. 우리가 누구에게 순종하든지 우리는 그 순종함을 받는 자의 종이 된다. 우리는 의의 병기로서 하나님의 손에 있는 도구들이다.

설명하라

"우리는 죄의 세력으로부터 해방된 것으로 여기고 하나님께 자신을 드린다. 그러나 이 점이 많은 사람들에게 혼란을 일으킨다. 우리는 하나님께 축복을 받기 위해서 우리 몸을 의의 병기로 드리는 것이 아니다. 우리는 이미 하나님의 축복을 받았고, 새로운 신분을 가졌으며, 하나님의 모든 자원을 소유했다. 우리는 그리스도 안에서 새로운 신분을 가졌기 때문에 의의 병기로서 우리 자신을 드릴 수 있는 것이다."

3. 우리의 새로운 신분에 따라 살기 위한 능력

로마서 8:12~17

1) 이 구절은 그리스도 안에서의 우리의 신분을 경험하기 위해 우리가 어떻게 해야 한다고 말하고 있는가?

우리는 육신에게 져서 육신대로 살 것이 아니라 우리는 영으로 인도함을 받아야 한다(성령으로 충만하고, 지배를 받고, 권능을 받아야 한다). 우리는 죄의 종이 아니라 하나님의 자녀이며 그리스도와 함께 한 상속자이다.

명료하게 하는 질문

(1) 로마서 8:12~17에 '영'이란 단어가 몇 번 나오는가?

(2) 우리는 알고, 여기고, 드리며, 순종하는 힘을 어디에서 얻는가?

2) 13절의 "영으로써 몸의 행실을 죽이면"이 뜻하는 바는 무엇이라고 생각하는가?

우리가 성령의 능력 안에서 살 때, 우리는 육신의 죄에 대하여 승리하는 경험을 할 것이다.

관련지어 말하라

"우리의 새로운 신분이 우리에게 어떻게 실제화되었는지를 살펴보자."

4. 우리의 새로운 신분의 실제화

1) 만일 당신이 자신을 죄에 대하여 죽은 자로 여긴다면, 유혹을 받는 경우, 당신이 생각하거나 해야 할 것은 무엇인가?

그리스도 안에서의 나의 신분을 알고 범죄하지 말아야 한다는 것을 깨닫는다. 성경 말씀이 그리스도 안에서의 나의 신분에 관해서 말씀하는 것을 기억함으로 유혹을 이길 수 있게 한다. 유혹의 상황을 피하고, 하나님께 순종할 마음을 가지며, 적극적으로 그것을 시행한다. 자신에게 "나는 범죄해서는 안된다. 나는 선택권이 있으며 나는 하나님께 순종하기로 선택했다."고 말한다. 나는 하나님을 위해 의의 병기로 드려지기 원한다고 하나님께 말씀드린다.

명료하게 하는 질문

(1) 당신이 자신을 죄에 대하여 죽은 자로 여기는 것은 어떻게 당신이 유혹을 이기도록 돕는가?

(2) 유혹을 받을 때, 당신은 자신의 삶을 어떻게 의의 병기로 만들 수 있는가?

2) 당신의 생활 속에 지금 자신을 죽은 자로 여기게 하는 죄가 있는가?

3) 죄를 이기기 위해 당신이 취해야 할 단계들은 무엇인가?

첫째, 그리스도 안에서의 나의 신분에 대해 성경이 말씀하고 있는 바가 무엇인지를 **안다**. 둘째, 자신을 죄에 대하여 죽은 자로 **여긴다**. 셋째, 그리스도께 자신을 **드림**으로 죄의 지배에서 벗어나고 그리스도의 주 되심을 인정한다. 넷째, 의지의 행위로써 하나님께 **순종한다**. 이 모든 것은 성령의 능력 안에서 이루어져야 한다.

4) 그리스도 안에서의 당신의 신분은 당신의 이성(理性)과의 관계에 어떤 영향을 미쳐야 하는가?

나 자신의 이기적인 욕망을 따라 행하도록 해서는 안 되며, 하나님을 영화롭게 하고 의와 사랑의 병기로써 나 자신을 하나님께 드려야 한다.

명료하게 하는 질문

(1) 다른 사람들의 생각은 어떤가?

(2) 죄의 세력으로부터 해방된 것이 우리가 어떻게 다른 사람을 사랑하도록 하는가?

5) 그리스도 안에서의 당신의 신분은 당신의 가족과의 관계에 어떤 영향을 미쳐야 하는가?

관련지어 말하라

"다음 시간에는 '화목하게 하는 직책'에 대해 토의할 것이다. 주요 말씀은 고린도후서 5장이다. 생생한 토의가 되도록 미리 이 말씀을 읽고 공부해 오기 바란다."

점검 Point

1. 육성만남 초청하기

1) 첫 번째 개인 육성 만남을 약속하는 방법 이해하기

2) 시범 대화를 숙지하고 둘씩 짝지어 연습하기

3) 전도 후에 실습하기

***순장NOTE APP을 통해 자세한 내용을 확인하세요.**

02

화목하게 하는 직책

한 사람의 삶이 다른 사람들에게 어떻게 영향을 미칠 수 있는가를
깨닫는 것보다 더 중요한 일은 없다.

준 비

ㅇ 개인 점검

당신이 집중할 수 있는 30분 이상의 시간을 충분히 확보하라. 성경과 순모임 교재를 준비하라. 성경은 고린도후서 5:1~21이 사용된다. 고린도후서의 말씀을 공부하는 동안 하나님이 당신에게 영적 관점을 주시도록 기도로 시작하라. 대사와 화목하게 하는 직책의 정의를 완전히 소화하도록 하라. 교재의 모든 문제를 익히고, 그리스도를 개인의 구주와 주님으로 영접한 사람들의 체험뿐만 아니라 그리스도의 대사로서의 당신의 체험을 순원들에게 이야기할 수 있도록 준비하라.

- 고린도후서 소개

바울이 마게도냐에서 A.D. 56년경 고린도에 있는 교회에 보낸 편지이다. 처음 일곱 장에서 바울은 그의 삶과 사역에 대한 변명을 했다. 바울은 몇몇 형제들이 비난으로 인해 그들의 삶이 위협 당했을 때에도 그리스도를 전하도록 부르심을 입은 그의 형제들에게 교훈과 영감을 주었다.

고린도후서 5장은 우리로 하여금 이 세상에 사는 동안 영적 관점을 가지도록 도전을 주고 있다. 즉, 복음이 화목의 소식이라는 것을 우리들에게 깨우쳐 줌으로써 그리스도의 대사로서 적극적으로 참여하도록 도전을 준다.

ㅇ 참고 자료

성경 사전
월터 헨릭슨, 「훈련으로 되는 제자, 태어나는 것이 아니다」
매튜 헨리 주석

성경공부 개요

1. 한 의사와 그의 조수의 이야기

2. 바울의 영적 관점

   고후 5:1~17

3. 사람들에 대한 바울의 관점과 그 결과

4. 그리스도의 대사로서 화목하게 하는 우리의 직책

   고후 5:18~21

점검 Point

1. 새생활의 시작」을 인도하는 방법

   1) 「새생활의 시작」을 인도하는 방법을 이해하고 둘씩 짝지어 연습하기

   2) 실제로 순원과 「새생활의 시작」 1권을 인도하기

02

화목하게 하는 직책

개관목적 그리스도의 대사로서 영적 관점을 가지게 함으로 화목하게 하는 직책을 수행하도록 동기 부여하는 데 있다.

학습목표
1. 사람들에 대한 바울의 관점을 설명할 수 있다.
2. 우리가 영적 관점을 가짐으로써 우리들의 삶에 영향을 끼치는 몇 가지의 길을 열거할 수 있다.
3. 그리스도의 대사로서 화목하게 하는 직책을 가진다는 것의 의미를 설명할 수 있다.

1. 한 의사와 그의 조수의 이야기

수백만 명의 목숨을 빼앗아 간 전염병의 치료법을 발견하기 위해 전 생애를 바친 의사가 있었다. 다른 많은 사람들도 치료법을 알기 위해 연구했으나 이 의사는 그들과는 전혀 다른 방법을 사용했다. 다른 사람들은 이 의사와 그의 특이한 연구 방법을 비웃곤 했다. 그러나 그는 그의 말년에 마침내 전염병의 치료법을 발견하게 되었다! 치료방법을 찾았지만 이 특이하고도 단순한 방법이 실제적인 치료법임을 사람들에게 납득시켜야 하는 일이 남아 있었다. 하지만 그에게는 그 일을 감당할 만한 시간과 힘이 없었다. 그래서 이 늙은 의사는 그의 젊은 조수에게 "자네가 이 큰 임무를 수행해야 할 유일한 사람이네."라고 말했다. 그 외에는 아무도 없었다. 젊은 조수는 이 임무에 대한 큰 특권과 두렵고 무거운 책임감에 압도되었다.

1) 이 임무가 젊은 조수에게 이와 같이 큰 특권이 된 이유는 무엇인가?

그는 다른 사람들처럼 전염병의 치료법을 발견하기 위해 많이 연구를 했거나 충분한 지식을 갖추지는 못했지만, 그것을 세상에 알릴 특권과 함께 수백만의 생명을 구하는 일을 돕는 최고의 특권을 가질 수 있게 되었기 때문이다.

2) 젊은 조수가 이 임무에 대해 두렵고 무거운 책임감을 갖게 된 이유는 무엇인가?

그가 이 분야에 있어서 인기 있는 많은 학설과 경험이 풍부한 사람들에게 이 치료법에 대해 확신시키거나 그 임무를 수행해 내지 못한다면, 많은 사람들은 헛되이 죽어 가게 되며 또 자신에게 위탁한 이 늙은 의사의 전생애의 성업이 허사로 돌아갈 것이기 때문이다.

3) 이 이야기는 그리스도인의 삶에 어떻게 적용되는가?

그리스도인으로서 우리들은 이 젊은 조수와 유사한 형태의 특권과 책임을 가진다. 그러나 우리들의 책임과 특권은 더 두려운 것이다. 왜냐하면 우리들은 아무런 노력도 하지 않았지만 복음을 받아들이는 사람들에게 영원한 생명을 주는, 영적인 죽음에 대한 유일한 치료법을 가지고 있기 때문이다. 가끔 우리들은 우리에게 위탁된 이 복음을 전하기 위해 인기 있는 사람들과는 반대의 길로 가야 할 때도 있을 것이다. 그러나 그 대가는 우리들에게나 구원받는 사람들에게나 대단히 큰 것이다.

명료하게 하는 질문

(1) 그 밖에 우리 그리스도인들이 받았다고 생각할 수 있는 독특한 책임과 특권들은 무엇인가?

(2) 의사는 누구를 나타내는 것인가? 또 조수는 누구를 나타내는 것인가?

관련지어 말하라

"고린도후서는 A.D. 56년경 바울이 고린도 교회에 보낸 편지이다. 처음 일곱 장에서 바울은 그리스도의 충성스러운 종이 되도록 믿는 자들을 권고하고 있으며, 개인 사역에 대한 생각들도 포함되어 있다. 고린도후서 5장은 특별히 다른 사람에게 그리스도를 나타내는 것에 대해 그가 가진 영적 관점을 다루고 있다."

가교

"바울에게 맡겨진 두려운 일들에 대해 그가 가졌던 관점을 살펴보자."

2. 바울의 영적 관점

고린도후서 5:1~10

1) 1~10절에 나타난 대로 바울이 간절하게 소원했던 것은 무엇인가?

바울은 몸으로 행한 모든 것이 그리스도의 심판대 앞에서 드러날 것임을 알았기 때문에 모든 일에 주님을 기쁘시게 하는 삶을 살고 싶어 했다. 그의 생각들은 영원에 직결되었으며, 그는 하늘의 집을 사모하였다.

2) 바울이 이러한 소원을 성취하기 위해 계획한 것들은 무엇인가?

그는 담대히 살기를 소원했고, 보는 것이 아니라 믿음으로 행하며 하나님만을 기쁘시게 하기를 소원했다.

명료하게 하는 질문

(1) 또 다른 생각은 없는가?

(2) 바울은 어떠한 삶을 살았는가?

관련지어 말하라

"바울의 간절한 소원은 그가 가졌던 영적 관점에 의해 지배되었던 것이 분명하다. 그러면 이것이 다른 사람들에 대한 그의 관점에는 어떠한 영향을 미쳤는지를 살펴보자."

3. 사람들에 대한 바울의 관점과 그 결과

고린도후서 5:11~17

1) 모든 사람들의 삶이 결국 하나님 앞에 알려질 것이라는 바울의 믿음은 그의 행동에 어떠한 영향을 미쳤는가? (11절)

바울은 다른 사람들에게 그의 믿음을 전하여 사람들이 그리스도를 그들의 구주와 주님으로 믿도록 설득했다.

2) 이 구절에서 바울이 행동하도록 동기를 준 다른 것들은 무엇인가?

주님의 두려우심, 그리스도의 사랑, 그리고 그리스도의 죽음과 부활을 통해 가능케 된 새로운 삶.

3) 영적 관점은 사람들에 대한 바울의 생각에 어떠한 영향을 주었는가?

그는 이 세상의 지위와 신분과는 무관하게 모든 사람들을 영적인 면으로 보았을 뿐 아니라 그들로 하여금 하나님과 함께 하는 영적 지위를 갖게 하려 했다. 그는 결코 사람들의 외모나 지위에 의해 위축되지 않았다.

명료하게 하는 질문

(1) 다른 사람에 대한 바울의 관점에 관해 16, 17절은 우리에게 어떤 근거를 제시해 주는가?

(2) 16절에서 "우리가 이제부터는 어떤 사람도 육신을 따라 알지 아니하노라"의 의미는 무엇인가?

4) 사람들에 대해 우리가 영적 관점을 가지지 않는다면 우리의 삶은 어떠한 영향을 받게 되는가?

만일 우리가 영적 관점을 가지지 않는다면, 예수 그리스도를 믿지 않는 사람들에게서 볼 수 있는 것들, 즉 표면적인 지위, 성공, 행복 등으로 사람을 판단하는 실수를 저지를 수 있다. 또한 우리가 마치 아무 것도 가지지 못한 것처럼 쉽게 위축당하고 불안을 느낄 수 있다.

가교

"바울이 사람들에 대해 가졌던 관점에 비추어서 사역에 대한 그의 관점도 알아보자."

4. 그리스도의 대사로서 화목하게 하는 우리의 직책

고린도후서 5:18~21

1) 18~19절에 의하면, 화목하게 하는 직책이란 무엇을 의미하는가?

화목하게 하는 직책이란 하나님과 사람이 서로 만나게 하는 것으로서, 원수 되었던 관계를 다시 다정한 친구 관계로 만드는 것을 말한다. 사람은 죄 때문에 하나님과 원수가 되었다. 그러나 하나님은 그의 은혜를 베풀어 자신의 아들을 화목제물로 주심으로 우리의 죄를 심판하지 않으시고 화목하게 하셨다.

설명하라

"화목하게 함이란 다시 친하게 만드는 것, 조화를 이루도록 하는 것을 의미한다."

2) 대사의 실제적인 임무는 무엇인가?

대사란 한 나라 혹은 한 정부를 대신하기 위해 임명된 외교 대리인이다. 그는 자신이 대사인 나라에서 살지만 그곳이 그의 고국은 아니며 외국인으로서 그 나라에 살고 있는 사람들과는 분명히 다르다. 그는 고국으로 돌아오고 싶어도 그 나라에 머물러 있으면서 자신의 나라를 위해 충성해야 하며, 그 나라의 국민들에게 자신의 고국을 나타내어 두 나라를 하나로 연결시키는 일을 해야 한다.

명료하게 하는 질문

(1) 대사의 책임은 무엇인가?
(2) 대사의 특권은 무엇인가?

3) 우리는 그리스도를 위한 대사로서 어떻게 행동해야 하는가?

우리는 이 세상에서 가장 높은 부르심을 받은 자들임을 깨달아 우리의 임무를 신중하게 맡아야 할 뿐 아니라 우리의 행동과 태도로 주님을 증거하고 하나님의 성품을 사람들에게 반영시켜야 한다. 또한 하나님의 나라에 속하지 않은 비그리스도인들과는 다르게 살아야 한다.

4) 당신이 아는 사람 중에서 '모든 것을 가졌으되' 그리스도를 알지 못하는 사람이 있는가?

5) 16절에 나타난 바울의 영적 관점에 의하면, 바울은 이런 사람들을 어떻게 생각했는가?

외모에 관계없이 그리스도로부터 영원히 분리된, 복음이 필요한 잃어버린 사람으로 보았다.

6) 당신의 삶 속에 계신 주님을 다른 사람에게 전하기 위해 이 주간에 당신이 할 수 있는 일은 무엇인가?

실천 사항 당신이 전도하려는 사람들의 명단을 만들고, 그들을 접촉하기 위한 방법을 결정하라.

점검 Point

1. 「새생활의 시작」을 인도하는 방법

1) 「새생활의 시작」을 인도하는 방법을 이해하고 둘씩 짝지어 연습하기

2) 실제로 순원과 「새생활의 시작」 1권을 인도하기.

***순장NOTE APP을 통해 자세한 내용을 확인하세요.**

03

확신의 범위 넓히기

"실패를 두려워하여 믿음으로 시도하지 않는 사람은 이미 실패한 것이다."

-J. K. 허치슨

준 비

ㅇ 개인 점검

당신이 집중할 수 있는 30분 이상의 시간을 충분히 확보하라. 성경과 순모임 교재를 준비하라. 교재를 공부하며 사무엘상 17장의 다윗과 골리앗의 이야기와 함께 이 과를 완전히 익히도록 하라. 당신의 확신의 범위 밖의 영역은 물론 확신의 범위도 발견할 수 있도록 기도하라. 이러한 영역들을 극복하기 위해 주님의 신실하심을 체험할 수 있는 실천 계획을 세우라. 당신이 선택한 영역은 믿음을 확장시켜야 하는 영역임을 확신하고 하나님을 신뢰하지 않고는 아무 것도 이룰 수 없음을 명심하라. 당신의 믿음과 아울러 순원들이 한 몸을 이루도록 순 전체가특별한 계획을 세울 필요가 있다(전도 모임이나 순별 봉사 등).

- 사무엘상 17장 소개

사무엘상·하는 뛰어난 역사적 기록을 가지고 있다. 대부분 역사적이면서 전기적이지만 이 이야기들은 도덕적이며 영적인 영향에 대해 강조한 점에서 독특하다. 사무엘이 이 책의 유일한 저자는 아니며 나단과 갓이 함께 기록한 것으로 알려져 있다. 사무엘상 17장은 다윗의 흥왕과 사울의 쇠퇴를 다루고 있다.

ㅇ 준비 자료

신앙 개념(TC) 제6권 '다른 사람을 그리스도께로 인도하는 방법'

성경공부 개요

1. 확신의 범위에 대한 정의

2. 현재와 미래의 확신의 범위

3. 하나님의 성품에 대한 다윗의 확신

4. 확신의 범위 넓히기

   삼상 17:1~54

5. 두 친구의 이야기

6. 전도의 필요성

점검 Point

1. 순모임의 진행

   1) 순모임의 진행에 대해 이해하기
   2) 둘씩 짝지어 아래 범주에 따른 각각의 질문들을 만들어 연습하기
      ① 개방 정도에 따른 닫힌 질문과 열린 질문
      ② 질문의 대상에 따른 지명 질문과 전체 질문
      ③ 답의 난이도에 따른 사실 질문과 심화 질문
   3) 실제 순모임에서 각 질문들을 활용하기

03

확신의 범위 넓히기

개관목적 그리스도안에서 확신의 범위를 삶의 모든 영역 속에 적극적으로 확장해 갈 수 있도록 하는 데 있다.

학습목표
1. 확신의 범위의 의미를 알 수 있다.
2. 확신의 범위를 확장하는 원리들을 설명할 수 있다.
3. 확신의 범위를 확장하기 위한 계획을 수행할 수 있다.
4. 전도에 대한 성경적인 근거를 이해함으로 전도의 확신의 범위를 넓혀갈 수 있다.

1. 확신의 범위에 대한 정의

1) 모든 사람은 확신의 범위를 가진다. 그것은 그가 평안을 느끼며 어떠한 두려움이나 긴장감 없이 하나님을 신뢰할 수 있는 활동 범위이다.

> **관련지어 말하라**
>
> "우리들 가운데 몇몇 사람은 사영리를 소개하거나 개인적으로 전도를 하는 것이 확신의 범위 안에 있을 것이다. 그러나 대부분의 사람들은 전도 모임에 참여하게 된다는 생각이 상당한 두려움과 불안감을 줄 것이다."

2) 하나님은 우리의 믿음이 멈추지 않고 성장하기 원하신다. 하나님은 우리가 믿음의 장벽을 헐어버리고 확신의 범위를 넓혀가길 원하신다. 하나님은 우리가 다양한 환경에 처하게 하시고, 우리의 확신의 범위를 확장시킬 수 있는 믿음의 일들을 행하도록 친히 격려하신다. 하나님은 우리가 일상생활의 경험에서 하나님의 신실하심에 대해 더 많이 알기를 원하신다. 우리는 우리가 아직 확신하지 못하는 영역에 대해서도 하나님을 믿으며 나아갈 때, 하나님을 신뢰하는 능력이 더 향상되는 것을 알게 된다.

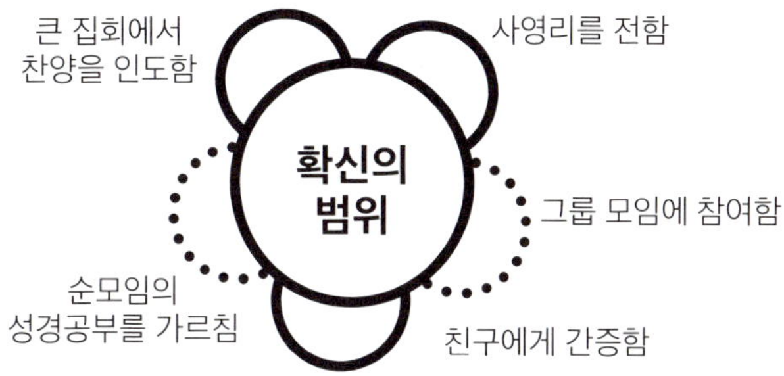

관련지어 말하라

"위 그림에서 보면 개인적인 확신의 범위는 세 가지의 새로운 영역, 즉 사영리를 전하고, 큰 집회에서 찬양을 인도하며, 친구에게 간증하는 것에서 확장되었다. 따라서 믿음의 진보를 가져왔고 이러한 확신의 영역들을 따름으로 말미암아 하나님이 그의 신실하심과 능력을 나타내시는 것을 알게 되었다. 그러나 순모임에서 성경을 가르치는 것과 그룹 모임에 참여하는 것은 아직도 확신의 범위 밖에 있으며, 그를 두렵게 하고 하나님을 신뢰하지 못하도록 한다. 그는 이러한 영역들도 그의 확신의 범위 속에 포함시키기 위해 더욱 하나님을 신뢰하며 믿음으로 일해야 할 필요를 느낄 것이다."

말하라

"현재는 확신의 범위 밖에 있는 부분일지라도 하나님의 신실성 때문에 확신의 범위가 될 수 있는 삶의 영역들을 잠시 생각해보자."

2. 현재와 미래의 확신의 범위

1) 그리스도를 신뢰하는 일에 있어서 현재 당신의 확신의 범위에 속해 있다고 생각되는 일들을 적어 보라.

2) 당신의 확신의 범위 밖에 있다고 생각되는 일들을 적어 보라.

이미 하나님께 맡길 수 있었던 영역뿐만 아니라 앞으로 하나님을 신뢰해야 할 영역도 나눌 수 있다.

가교

승리하는 그리스도인의 삶에 긴장감이나 두려움이 나타나는 것은 정상적인 일이다. 왜냐하면 그러한 부분들로 인해 하나님을 기쁘시게 하는 믿음의 삶을 경험하게 되기 때문이다. 히브리서 11:6은 믿음이 없이는 하나님을 기쁘시게 할 수 없다고 말한다. 이제 우리는 다윗이 어려움의 장벽을 믿음으로 극복하고 확신의 범위를 넓히기 위해 어떤 방법으로 하나님을 신뢰하며 그분께 기쁨을 드렸는지를 살펴보자."

3. 하나님의 성품에 대한 다윗의 확신

사무엘상 17:1~54

1) 다윗이 직면했던 장애물은 어떤 것이었는가?

그는 싸움을 위해 적절한 무기를 사용해 본 경험이 없었을 뿐 아니라 아직 어렸다. 또한 골리앗의 몸집과 경험에 비해서 압도적으로 미약한 상태에 있었다. 때문에 가족과 친구들과 적에게 조롱받았다.

명료하게 하는 질문

(1) 다윗을 두렵게 했던 것들은 무엇인가?
(2) 모든 사람들이 다윗에게 골리앗과의 싸움을 단념하라고 말했던 이유는 무엇인가?

2) 그 장애물에 대한 다윗의 반응은 어떠했는가?

그는 싸움이 하나님의 이름에 달려 있다는 것을 인정했다. 그래서 현재 자신이 가지고 있는 무기만을 가지고 하나님을 신뢰하며 싸움터로 나갔다. 그는 과거에 그와 함께 하셨던 신실하신 하나님을 근거로 싸움의 결과를 미래의 하나님께 맡겼다. 그는 그를 말리는 사람들을 자신과 분리시키고 하나님의 성품과 힘 그리고 능력을 신뢰하며 순종했다.

명료하게 하는 질문

(1) 다윗의 관점을 나타내는 것들은 무엇인가?
(2) 그의 확신의 근거는 무엇인가?
(3) 그의 경험과 나이와 몸집 등의 부족을 채우기 위해 그가 신뢰했던 분은 누구인가?

3) 다윗은 이 도전에 대해 어떻게 반응할 수 있었는가?

그는 자신의 나이와 경험의 부족을 이유로 자신을 말리는 사람들의 의견에 동의하여 싸우지 않을 수 있었고, 과거에 경험했던 하나님의 신실성과 이러한 자신의 상황을 관련시키지 않을 수도 있었을 것이다. 또한 골리앗의 몸집에 위압을 당하여 용기 대신 두려움을 느낄 수도 있었을 것이다.

명료하게 하는 질문

(1) 다른 사람들의 생각은 어떠한가?
(2) 여러분이라면 이러한 상황에서 어떻게 대처하겠는가?

4) 이 말씀에서 당신의 확신의 범위를 넓히도록 돕는 원리들은 무엇인가?

개인적인 감정이나 두려움을 따르지 말고 살아계신 하나님의 신실하심과 능력을 의지하라. 과거와 현재, 나아가 미래에도 신실하게 우리와 함께 하시는 하나님을 믿으라.

명료하게 하는 질문

(1) 우리들의 관심의 초점은 무엇이어야 하는가?

(2) 우리가 신뢰해야 하는 하나님의 성품은 무엇인가?

4. 확신의 범위 넓히기

1) 당신의 삶 속에서 현재는 확신의 범위에 속해 있지 않지만 그렇게 되기를 바라는 영역을 기록해 보라.

2) 이러한 영역에서 당신이 확신을 얻을 수 있는 방법은 무엇인가?

3) 하나님과 개인적인 시간을 가지면서 이러한 영역을 하나님의 온전하심에 맡기라. 그 영역을 확신의 범위로 삼기 위한 실천 계획을 보여 주시도록 하나님께 구하라.

“두 친구의 이야기를 해보자.”

5. 두 친구의 이야기

한 젊은이가 전도 집회에 참석한 후 그의 기숙사로 급히 돌아왔다. 그와 그의 친구는 한 방에서 몇 년 동안 같이 살며 공부하고 있었다.
그는 “꼭 할 말이 있어.”하고 그의 친구에게 말했다. “나는 오늘 그리스도를 영접했어. 그리고 그분은 나를 변화시켰어.” 그러자 그의 친구는 기뻐하며, “정말? 난 네가 그렇게 되길 원했어. 여러 해 동안 그리스도인으로 살아오면서 나는 항상 네가 그리스도를 구주로 믿기를 기도했어”라고 말했다.
새 신자가 된 그는 몹시 놀라면서 그의 친구에게 “내가 보기에 너는 아무런 도움도 받지 않고 네 힘으로 성공적인 생활을 하는 것 같았어. 그래서 나도 그렇게 살아보려고 애를 썼지. 그런데 나는 내 힘으로는 도저히 그런 삶을 살 수 없었기 때문에 오늘 밤 그리스도를 영접한 거야. 너는 내게 그런 생활을 할 수 있었던 이유를 알려 주었어야 했어. 왜 내게 그리스도를 알 수 있는 방법을 말해 주지 않았니?”라고 말했다.

1) 위의 이야기에서 그리스도인 젊은이에게 같은 방을 쓰는 친구에게 그리스도를 전하지 않은 이유를 묻는다면 그는 무엇이라고 말할 것 같은가?

"친구는 그리스도가 없이도 올바른 삶을 살고 있었다. 그래서 나는 그 친구가 그리스도에 대해 흥미를 갖고 있지 않은 것으로 생각했고 친구를 불쾌하게 하는 것을 원치 않았다."라고 말했을 것이다.

2) 그의 생각 속에서 당신이 찾을 수 있는 문제점은 무엇인가?

사람들은 자신 속에 채워지지 않는 무언가를 갈망하고 있다. 그러나 그것이 하나님인 줄 모르고 있다. 만일 우리가 사람들에게 그리스도를 전하지 않는다면 그들은 하나님의 사랑과 용서를 경험할 수 없다.

가교

"이제 잠시 동안 전도에 대한 사도 바울의 태도를 살펴보자."

6. 전도의 확신 넓히기

로마서 10:11~17

1) 이 구절에서 바울은 그리스도인들이 그리스도를 믿지않는 사람들에게 복음을 전하도록 하기 위해 무엇을 말하고 있는가?

하나님은 자신을 부르는 모든 사람에게 부요하시다. 누구든지 주의 이름을 부르는 자는 구원을 얻는다. 전파하는 자가 없다면 복음을 들을 수 없다. 보내심을 받지 않았으면 전파할 수 없다. 구원받을 자를 위해 복음을 전해야 한다.

명료하게 하는 질문

(1) 다른 의견은 없는가?

(2) 이 구절에 의하면, 단순히 그리스도인의 삶을 사는 것이 사람들을 그리스도께로 인도할 수 있다고 생각하는가? 왜 그런가 혹은 왜 아닌가?

2) 복음을 전하지 않으면 사람들은 복음을 들을 수 없다. 복음을 듣고 주님의 이름을 부르는 사람은 누구든지, 그가 어떤 사람이든지 구원을 받는다. 당신이 전도의 대상자 중에서 아예 믿지 않을 것이라고 제외한 사람이 있는가? 또는 기도를 중단한 사람이 있는가? 당신의 전도의 대상자에 대한 확신의 범위를 넓히기 위해 기도하고 실천 계획을 세워보라.

실천 사항 다음 주 혹은 두 주 동안 이러한 특별한 영역에서 확신의 범위를 넓히기 위해 성령의 능력 안에서 해야 할 구체적인 행동을 기록하라.

점검 Point

1. 순모임의 진행

1) 순모임의 진행에 대해 이해하기

2) 둘씩 짝지어 아래 범주에 따른 각각의 질문들을 만들어 연습하기

① 개방 정도에 따른 닫힌 질문과 열린 질문

② 질문의 대상에 따른 지명 질문과 전체 질문

③ 답의 난이도에 따른 사실 질문과 심화 질문

3) 실제 순모임에서 각 질문들을 활용하기

*순장NOTE APP을 통해 자세한 내용을 확인하세요.

04

승법 번식의 성경적 전략

"만일 어려움이 있다고 해서 사람들을 그리스도께로 인도하는 것을 두려워한다면
갈보리의 사랑을 전혀 모르는 것이다."

-에이미 카미클

준 비

ㅇ 개인 점검

당신이 집중할 수 있는 45분 이상의 시간을 확보하라. 성경과 순모임 교재를 준비하라. 마태복음 28:18~20과 디모데후서 2:2~10을 공부하면서 승법 번식을 통해 세계를 복음화 하려는 하나님의 뜻을 깊이 깨닫게 해 주시도록 기도하고, 이 승법 번식 사역에 참여하는 데 대한 당신 자신의 책임을 확실히 알게 해 주시도록 구하라.

- 마태복음 28장 소개

이 장을 읽으면 18~20절에 있는 지상 명령은 예수님이 지상 사역을 끝내신 후에 그의 제자들에게 하셨던 것임을 알 수 있을 것이다. 이것은 예수님께서 육체로 계신 동안 제자들에게 최후로 하신 유언 같은 말씀이다. 이것만으로도 우리가 이 구절을 매우 중요시해야 할 충분한 이유가 된다.

- 디모데후서 2장 소개

디모데후서는 바울의 최후 서신으로서, 한 교회의 목회자였던 바울이 '가장 사랑하는 믿음의 아들' 디모데에게 보낸 것이다. 이 서신은 교리적 혼란의 시기에 그리스도의 참된 종이 가야 할 길을 보여 준다.

ㅇ 참고 자료

월터 헨릭슨, 「훈련으로 되는 제자, 태어나는 것이 아니다」
신앙개념(TC) 제7권 '지상 명령 성취를 돕는 방법'

성경공부 개요

1. 왜 지상 명령이 지난 100년 동안 성취되지 못했는가?(토의)

2. 우리의 목표

   마 28:18~20

3. 우리의 방법

   딤후 2:2

4. 우리의 모범

   딤후 2:2

5. 우리의 헌신

   딤후 2:3~10

점검 Point

1. 하나님의 최우선과 계획

   1) 하나님의 최우선과 계획 이해하기

   2) 개인 전략도표를 만들고 전도와 육성을 위한 구체적인 계획을 세우기

   3) 개인 전략도표에 따라 실제 전도하고 육성하기

04

승법 번식의 성경적 전략

개관목적 승법 번식을 통해 세계를 복음화 하는 데에 더욱 헌신하도록 동기부여하는 데 있다.

학습목표
1. 지상 명령을 성취하기 위한 하나님의 전략을 잘 알 수 있다.
2. 제자로 삼을 사람들에게 요구되는 두 가지 자질을 말할 수 있다.
3. 강력한 승법 번식자가 되기 위해서 어떻게 헌신해야 하는지를 설명할 수 있다.

1. 왜 지상 명령이 지난 100년 동안 성취되지 못했는가? (순원들에게 질문하여 함께 토의하라)

가교

"지상 명령 성취를 방해하는 장벽들을 극복하기 위해 주님은 어떤 해결책을 가지고 계신지를 알아보자."

2. 우리의 목표

마태복음 28:18~20

1) 이 구절은 예수님에 대해 무엇을 말하고 있는가?

예수님은 하늘과 땅의 모든 권세를 가지셨다. 예수님은 제자들에게 세상으로 가서 모든 족속으로 제자를 삼으라고 명령하셨다.

2) 그리스도인인 우리가 이 명령을 성취하기 위해 할 수 있는 일들은 무엇인가?

순원들이 제시한 방법들은 기본적인 두 영역으로 나누어질 것이다.

(1) 가법 번식 전략(전도 등의 여러 수단을 통해 개인적으로 많은 사람을 그리스도께로 인도하는 것)

(2) 승법 번식 전략(다른 사람을 제자로 삼아 또 다른 사람을 제자로 삼을 수 있도록 소수의 사람을 질적으로 키워내는 것)

명료하게 하는 질문

(1) 만일 예수님이 오늘 당신에게 60억이 넘는 전 세계 사람들을 복음화 하는 것이 당신의 책임이라고 말씀하신다면 어떤 방법으로 시작하겠는가?

(2) 우리가 할 수 있는 방법들은 무엇인가?

관련지어 말하라

"(순원 이름)가 전도에 탁월한 능력이 있다고 하자. 지난 주에 전도하는 법에 대해 배운 후, 그가 매일 평균 1,000명의 사람들에게 복음을 전했다고 가정하자. 이런 식으로 이 나라 저 나라를 다니면서 전도한다면 전 세계를 복음화 하는데 얼마나 걸릴 것이라고 생각하는가?"

말하라

"인구 증가를 전혀 고려하지 않는다고 해도 무려 12,000년 이상 걸리게 된다."

가교

"여러분은 하나님께서 우리가 명령을 성취할 수 없는 것을 알고 계시면서도 그와 같은 명령을 주셨다고 생각하는가? 물론 그렇지 않다. 하나님은 우리를 좌절시키려는 분이 아니다. 하나님은 우리에게 목표를 주셨을 뿐만 아니라 그 목표에 도달할 수 있는 가장 효과적인 방법도 보여 주셨다."

3. 우리의 방법

디모데후서 2:2

1) 예수님과 바울의 전략 사이에는 어떤 유사점이 있는가?

소수의 제자를 키우고 그들이 또 다른 사람을 가르치거나 제자로 삼게 되기를 기대한 점이 유사하다.

명료하게 하는 질문

(1) 다른 유사점은 무엇인가?
(2) 마 28:19에 의하면, 예수님은 그의 제자들에게 어떤 방법을 사용하도록 명령하셨는가?
(3) 디모데의 메시지(복음)를 들은 사람들은 어떤 일을 할 것이라고 생각하는가?

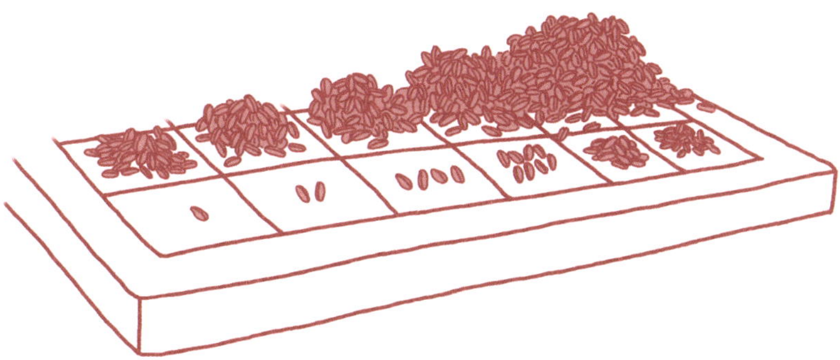

"어떤 산업과학 박람회장에서 한 전시회가 있었다. 그곳에서 특히 주목을 끈 것은 밀알 전시였는데, 장기 무늬 판의 첫째 칸에는 밀알이 하나, 둘째 칸에는 둘, 셋째 칸에는 넷, 그다음 칸에는 8, 16, 32, 64, 128, …로 이어지다가 맨 마지막 칸에는 많은 밀알들로 넘쳐서 그 일부가 밑으로 떨어지고 있었다. 여기서 그 실험은 중단되었다.

'매 칸마다 이런 비율로 나간다면 64번째 칸에는 얼마나 많은 밀알들이 있겠는가?'
컴퓨터에 이 질문을 입력했더니 놀랍게도 스크린에는 '전인도 대륙을 50피트(약 15미터)높이로 덮을 수 있을 만큼 충분하게'라는 답이 나타났다.
승법 번식은 이와 같다. 승법 번식은 초기 단계에서는 가법 번식보다 훨씬 느리고, 또한 더 큰 대가를 치러야 하지만 장기적인 안목으로 볼 때 이 방법이야말로 그리스도의 지상 명령을 성취하는 가장 효과적이며 유일한 방법이다."

관련지어 말하라

"이 이야기는 승법 번식이 그리스도의 지상 명령을 성취할 수 있는 유일한 방법임을 말해 준다. 그러면 제자들의 승법 번식이 왜 그렇게 효과적인지를 더 자세히 살펴보자."

2) 우리의 개인 사역에 승법 번식의 원리를 적용할 수 있는 방법들은 무엇인가?

사람들을 그리스도께로 인도할 뿐 아니라, 그들이 또 다른 사람을 가르칠 수 있도록 그들을 양육하고 재생산하는 것을 도와야 한다.

명료하게 하는 질문

(1) 또 다른 방법들은 무엇인가?
(2) 단순히 전도만 열심히 하는 사람을 어떻게 하면 승법 번식하는 데 참여시킬 수 있는가?

관련지어 말하라

"여러분 중 한 사람이 1년 동안 세 사람의 제자를 키워 내고 그들은 각기 해마다 3명씩의 또 다른 제자들을 키워 내는 일을 반복한다고 가정해 보자. 세계를 복음화 하는 데 얼마나 걸리겠는가?"

순원들에게 답하도록 하라.

"우리는 신실한 제자들을 훈련하는 이와 같은 방법으로 21년 안에 세계를 복음화 할 수 있다."

"그런 식으로라면 세계가 아직 복음화 되지 않았다는 것이 이상하지 않은가? 자연스레 생기는 의문은 '왜 이 같은 폭발적인 승법 번식이 일어나지 않고 있는가?'일 것이다. 왜 아직 승법 번식을 통해 세계가 복음화 되지 못했는지 디모데후서 2:2을 자세히 살펴보자."

"디모데후서 2:2에 있는 '부탁하라(entrust)'는 단어는 '위임하라'는 뜻이다. 히브리서에서 이 단어는 은행에 예금한다는 함축된 뜻을 가지고 있다. 즉, 은행에 돈을 맡기거나 부탁한다는 것으로 그 돈이 많이 늘어 돌아올 것을 기대하며 예금한다는 의미이다."

가교

"그래서 바울이 '부탁한다'는 단어를 썼을 때, 그는 디모데의 평생의 삶 속에서 계속적인 재생산, 즉 디모데라는 바울의 제자로 말미암아 많은 제자들이 생겨날 것을 전적으로 기대하고 있었다."

"우리가 영적인 일을 부탁한 사람들에게서 다시 승법 번식을 기대한다는 것은 매우 중요하다. 승법 번식자가 될 사람들에게 요구되는 두 가지 자질을 살펴보자."

4. 우리의 모범

디모데후서 2:2

1) 바울은 디모데에게 제자가 될 사람들에게서 찾아야 할 자질들은 무엇이라고 말하고 있는가?

충성된 것 그리고 다른 사람들을 가르칠 수 있는 것이다.

2) 우리가 이런 자질들을 갖추지 못한 사람들과 함께 사역할 때 결국 어떤 결과들이 나타나겠는가?

우리는 세계를 복음화 하는 데 거의 도움을 줄 수 없다. 수백만의 가능성 있는 사람들이 제자가 될 수 없게 된다. 충성스럽지 않으며 재생산을 못하는 그들 때문에 우리는 좌절하게 될 것이다.

> 순원 중 한 사람이 스스로 승법 번식하지 못할 때 오는 결과(이 세대의 수백만의 잠재된 사람들이 복음을 들을 수 없음)와 순원 각 사람이 앞으로의 생애에서 승법 번식자가 될 때 기여할 수 있는 결과(세계 복음화의 성취)를 강조하라.

명료하게 하는 질문

(1) 또 다른 생각은 없는가?

(2) 다른 사람을 가르치지 않는 충성스럽지 못한 사람들을 제자로 삼는다면, 그 결과는 어떻게 될까?

가교

"그 다음에 계속되는 구절에서 바울은 승법 번식자가 어떻게 헌신해야 하는지를 설명한다. 그는 우리에게 상당한 도전을 주고 있다."

5. 우리의 헌신

디모데후서 2:3~10

1) 강력한 승법 번식가가 되기 위하여 군인, 운동선수, 농부의 예화가 말해 주는 것은 무엇인가?

군인은 자기 생활에 얽매이지 않으며, 자기를 모집한 자를 기쁘게 하려고 한다. 운동선수는 법(경기 법칙)대로 경기하며 최선을 다하려는 열망이 있다. 우리는 세계를 복음화 하려는 목적을 위해 경기하고 있다. 농부는 수고한 후에 오는 수확을 기뻐하며 인내한다. 우리는 강력한 승법 번식자가 되기 위해 먼저 하나님을 기쁘시게 하려는 열망을 가져야 하고, 일상생활에 얽매이는 것을 피해야 한다. 우리는 승법 번식을 통해 세계를 복음화 하시려는 하나님의 '법'을 따라야 한다. 효과적이고 풍성한 사역을 위한 수고와 인내는 언제나 필요한 것이다.

제자화는 결코 쉬운 것이 아니며 한 사람을 영적으로 재생산하는 제자로 만드는 데는 많은 어려움이 있음을 강조하라. 그럼에도 불구하고 승법 번식하지 않는 것은 엄청난 문제를 일으킨다.

명료하게 하는 질문

(1) 바울은 승법 번식 전략을 설명하는데 왜 이 예화들을 사용했다고 생각하는가?

(2) 군인, 운동선수, 농부의 특성들이 왜 승법 번식에 중요한가?

2) 이 말씀에 기술된 대로 강력한 승법 번식가가 되려는 이러한 헌신은 우리의 승법 번식 사역의 성공과 실패를 어떻게 좌우하는가?

우리가 본문에서 말하는 그런 헌신을 하지 않는다면 우리는 결코 강력한 승법 번식자가 될 수 없으며, 우리의 승법 번식 사역은 약화되거나 파괴되고 말 것이다. 그러나 그리스도 안에서 우리가 그런 헌신을 한다면 세계 복음화는 머잖아 짧은 기간 안에 이루어질 것이다.

명료하게 하는 질문

(1) 이 같은 헌신은 승법 번식 전략에 어떤 또 다른 영향을 줄 수 있는가?
(2) 우리가 헌신하지 않는다면 어떤 결과가 생길 것이라고 생각하는가?
(3) 우리가 이런 헌신을 한다면 어떤 결과가 생길 것이라고 생각하는가?

3) 현대 문명사회에서 지상명령에 집중하지 못하도록 사람들을 얽매어 놓는 것들은 무엇인가? 또 그것들은 승법 번식가로서의 영향력을 어떻게 약화시키고 있는가?

텔레비전 중독, 스마트폰 중독, 쾌락주의, 물질만능주의, 취업, 스펙쌓기 등. 이런 것들은 하나님의 일을 하기보다 당장 자신의 즐거움과 자신의 일에 집중하게 하여 하나님의 뜻에 어긋난 일을 하게 한다.

명료하게 하는 질문

(1) 또 다른 것이 있는가?

(2) 얽매이게 하는 것이 본질적으로 악한 것이라고 생각하는가?
그렇지 않다. 때론 선한 것이 최선의 것(The Best)에 대한 적이 된다.

4) 오늘의 토의에 비추어, 보다 효과적인 승법 번식 사역을 하기 위해 당신이 하기 원하는 일들은 무엇인가?

나는 다른 사람들을 가르칠 수 있는 충성스러운 사람들을 육성한다. 하나님께 순종하고 열심히 일함으로 나를 얽매어 놓는 것들(구체적으로)에서 피한다. 제자화 순을 인도하는 법을 배우고, 순원들이 동일한 방법으로 행하도록 가르친다.

명료하게 하는 질문

(1) 또 다른 것이 있는가?
(2) 당신이 선택한 제자들에게서 찾아야 할 특성들은 무엇인가?
(3) 당신이 가장 얽매이기 쉬운 것들은 무엇인가?

관련지어 말하라

"우리는 지금까지 보다 효과적인 승법 번식자가 되도록 돕는 몇 가지의 것들을 살펴보았다. 이제 하나님을 신뢰함으로 우리의 삶에서 실제가 되기를 원하는 것들에 대해 잠시 동안 생각해보자."

실천 사항

1. 보다 효과적인 승법 번식가가 되기 위해 취해야 할 단계들

1) 나의 사역에 적용하기 원하는 것 두 가지
2) 하나님을 신뢰함에 있어서 피해야 할 얽매이기 쉬운 것 두 가지

점검
Point

1. 하나님의 최우선과 계획

1) 하나님의 최우선과 계획 이해하기
2) 개인 전략도표를 만들고 전도와 육성을 위한 구체적인 계획을 세우기
3) 개인 전략도표에 따라 실제 전도하고 육성하기

*순장NOTE APP을 통해 자세한 내용을 확인하세요.

05

그리스도인과 유혹

"내가 볼 때, 어떤 그리스도인들은 폭발 직전의 압력솥처럼 살아 간다.
그들은 이기적인 야망, 걱정, 욕망, 분노, 원한, 공포 등 사단적인 세상 체계가
그들의 생각 속에 점점 더 압력을 불어 넣는 것을 방치해 왔다.
그들은 뚜껑을 더 견고하게 하면 이런 것들이 구체적인 행동으로
폭발하지 않게 되리라고 생각하지만 물론 그것은 오해다.
왜냐하면 가장 견고한 뚜껑이라도 결국은 터져 버리고 말 것이며,
그 폭발은 굉장할 것이기 때문이다."

-얼 래드마커

준 비

○ 개인 점검

당신이 집중할 수 있는 한 시간 정도의 시간을 확보하라. 이 과를 준비하는 동안 순원들의 필요를 고려하여 그들의 필요를 채울 수 있도록 개요를 꾸미라.

- 야고보서 소개

야고보서는 그리스도의 복음에 비추어 구약과 산상보훈을 해석한 것이라 말할 수 있다. 이 서신은 산 믿음을 가지는 것의 필요성을 다루고 있는데 A.D. 45년경 예수님의 육신의 동생이었던 야고보에 의해 기록된 것이다. 야고보서 1장은 믿음의 시련을 통해 연단받는 것에 대해 말한다.

- 시편 소개

시편의 히브리 원명은 '찬양의 책'이란 뜻을 가진다. 찬양, 예배, 고백, 넘치는 기도는 시편의 특징이다. 몇 명의 시편 기자가 있으나, 전체 150편 중 73편을 쓴 다윗이 가장 탁월한 시편 기자라고 말할 수 있다. 시편 119편은 하나님 말씀을 높여 찬양한 것이다.

○ 준비 자료

사전

○ 참고 자료

신앙개념(TC) 제4권 '성령 안에서 살아가는 방법'

성경공부 개요

1. (동기 부여를 위한 당신 자신의 생각과 제시 방법 및 가교에 필요한 말을 개발하라.)

2. 유혹은 어떻게 죄로 변하는가?

   약 1:12~15

3. 유혹에 대처하는 방법

   시 119:9~16

4. (순원들이 유혹에 잘 대처할 수 있도록 도울 적절한 질문들로 적용 단계를 준비하라.)

점검 Point

1. 기도

   1) 기도 수첩을 만드는 방법을 이해하고 실제 자신의 기도 수첩을 만들기
   2) 대화식 기도에 대해 이해하고 순모임에서 대화식으로 기도하기

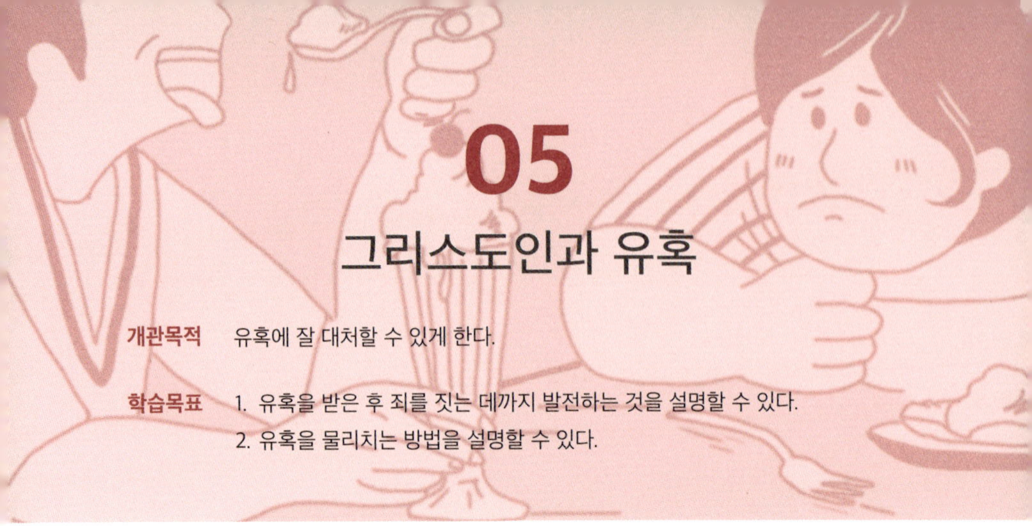

05

그리스도인과 유혹

개관목적 유혹에 잘 대처할 수 있게 한다.

학습목표 1. 유혹을 받은 후 죄를 짓는 데까지 발전하는 것을 설명할 수 있다.
2. 유혹을 물리치는 방법을 설명할 수 있다.

1. (동기 부여를 위한 당신 자신의 생각과 제시 방법 및 가교에 필요한 말을 개발하라.)

2. 유혹이 어떻게 죄로 변하는가?

야고보서 1:12~15

1) 이 말씀에서 당신이 발견할 수 있는 유혹과 죄와의 관계는 무엇인가?

우리가 유혹(욕심의 생각들)에 굴복할 때, 그것은 죄로 바뀐다.

명료하게 하는 질문

(1) 당신이 생활 속에서 겪는 유혹과 죄 사이의 관계는 어떠한가?

(2) 유혹의 근원은 무엇인가?

2) '욕심'이란 말의 뜻은 무엇인가?

감각, 즉 육체의 욕구를 만족시키려는 갈망을 말한다.

> 욕심 : 분수에 넘치게 무엇을 탐내거나 누리고자 하는 마음
> (네이버 국어사전)

3) 우리의 생활 가운데 욕심을 경험하게 되는 영역들에는 어떤 것이 있는가?

명예, 물질 소유, 지위, 음식 등에 대해 욕심을 낼 수 있다.

4) 우리가 가장 많이 유혹을 받게 되는 상황은 어떠한 것인가?

누군가의 비밀을 듣고 비밀을 지켜야 할 때, 말씀대로 하지 않는 것이 나의 유익이 될 때, 나에 대해 나쁜 이야기를 듣게 되었을 때 등

3. 유혹에 대처하는 방법

1) 그리스도 안에서의 우리의 신분을 적용하라.

말하라

"앞의 9과에서 로마서 6:1~16에 대해 공부한 것을 기억하는가? 우리는 그리스도 안에서의 우리의 신분이 유혹에 대한 우리의 반응에 어떻게 영향을 미쳐야 하는가를 토의했다. 우리가 공부한 네 단계 과정을 기억하라. 첫째, 우리는 그리스도 안에서 어떤 신분인가를 알아야 한다. 둘째, 우리 자신을 죄에 대하여 죽은 자로 여겨야 한다. 셋째, 그리스도께 자신을 드려야 한다. 넷째, 우리 의지의 행위로 하나님께 순종해야 한다."

2) 성령 안에서 행하라.

말하라

"앞의 3과에서 공부한 성령 충만한 생활에 대해 기억해 보라. 갈라디아서 5:16은 '너희는 성령을 따라 행하라 그리하면 육체의 욕심을 이루지 아니하리라'고 말한다. 우리가 자신의 힘으로 유혹과 싸워서 이기려 한다면 패할 수밖에 없다."

3) 하나님의 말씀을 마음에 두라.

관련지어 말하라

“유혹을 받았으나 죄를 짓지 않으려면 고려해야 할 또 다른 영역이 있다. 그것은 우리의 사고의 영역이다. 우리는 자주 우리의 생각을 바꾸지 않은 채로 우리의 행동만 고쳐 보려고 애를 쓴다. 이 과의 첫머리에 나오는 얼 래드마커의 말을 다시 기억해 보자.”

“내가 볼 때, 어떤 그리스도인들은 폭발 직전의 압력 솥처럼 살아간다. 그들은 이기적인 야망, 걱정, 욕망, 분노, 원한, 공포 등 사탄적인 세상의 가치관이 그들의 생각 속에 점점 더 압력을 불어 넣는 것을 방치해 왔다. 그들은 뚜껑을 더 견고하게 하면 이러한 것들이 구체적인 행동으로 폭발하지 않게 되리라고 생각하지만 물론 그것은 오해다. 왜냐하면 가장 견고한 뚜껑이라도 결국은 터져 버리고 말 것이며, 그 폭발은 굉장할 것이기 때문이다.”

“함께 시편 119편을 찾아보자. 이 말씀은 우리의 생각을 다루는 방법을 알려줄 것이다.”

시편 119:9~16

4) 하나님의 말씀에 대한 시편 기자의 태도는 어떠한가?

그는 하나님의 말씀을 마음에 두었고, 가르침 받기를 원했으며, 하나님의 말씀을 묵상했다. 또한 말씀을 즐거워하여 잊지 않기를 원했다.

5) 어떻게 하나님의 말씀을 우리 마음에 둘 수 있는가? (11절)

우리는 하나님의 말씀을 묵상하고, 암송하며, 우리 생활에 적용함으로써 우리 마음에 둘 수 있는 것이다.

6) 이 세 가지 개념, 즉 성령 충만 받는 것, 그리스도 안에서의 우리의 신분을 아는 것, 하나님의 말씀을 묵상하는 것 사이에는 어떤 관련이 있는가?

우리의 신분을 아는 것은 우리가 죄를 지어서는 안 된다는 것을 깨닫게 하고, 성령 충만은 죄를 짓지 않는 능력을 우리에게 주며, 말씀의 묵상은 죄를 지을 마음이 아니라 경건하게 살고 싶고 순종하며 살고 싶은 소원을 우리에게 준다.

4. (순원들이 유혹에 잘 대처할 수 있도록 도울 적절한 질문들로 적용 단계를 준비하라.)

관련지어 말하라

"다음 시간에는 '하나님의 뜻을 아는 방법'에 대해 토의하게 될 것이다. 토의할 주요 성경 구절은 로마서 12:1, 2과 시편 119:97~105 및 다니엘서 1장이다. 생생하고 풍성한 토의가 되도록 미리 성경 말씀을 공부해 오기 바란다."

점검
Point

1. 기도

1) 기도 수첩을 만드는 방법을 이해하고 실제 자신의 기도 수첩을 만들기

2) 대화식 기도에 대해 이해하고 순모임에서 대화식으로 기도하기

*순장NOTE APP을 통해 자세한 내용을 확인하세요.

06

하나님의 뜻을 아는 방법

나를 위한 하나님의 계획

-작자 미상

"내가 그리스도의 심판대 앞에 설 때
그는 나를 위한 그의 계획을 보여 주시리니
그것이 그의 방법으로 이루실 내 생애에 대한
계획이었음을 보며, 나는 깨닫게 되리.
여기서는 그를 가로막았고 저기서는 그를 시험하며
내 뜻을 조금도 굽히지 않았던 것을.
나를 보시는 구주의 눈에 슬픔이, 그래도 여전히
나를 사랑하신다는 슬픔이 가득하였네.
그는 나를 부요케 하시나 나는 늘 그 모든 은혜를
벗어 버리고 초라하게 서 있네.
과거의 기억이 주마등처럼 스치고
나는 돌이킬 수 없는 길목에 쓰러져
고독한 마음은 눈물을 흘릴 수도 없이 산산이
부서져 버렸네.
나는 빈손으로 얼굴을 가리고
부끄러운 머리를 숙여 간구하리.
주님, 나의 남은 생애를 당신 손에
맡기나이다.
나를 받으시고 깨어 주시며, 새롭게 빚어 주소서.
오직 당신이 계획하신 그 모습으로."

준비

ㅇ 개인 점검

순원들에게 하나님의 뜻을 알아 순종할 수 있도록 동기 부여하기 위해 다니엘 1장을 읽으라. 그리고 당신 자신이 다니엘의 위치에 있다고 생각하면서 다니엘이 했던 것을 당신도 할 수 있는 이유나 하지 못할 이유를 가능한 대로 많이 생각해 보라. 이 일은 당신이 지도자(순장)로서 하나님의 뜻을 행하려 할 때 직면하는 개인적인 문제들을 더 잘 이해하도록 도와 줄 것이다. 당신의 생활 가운데서 다니엘처럼 어려운 결정에 직면했을 때와 그 결정으로 인한 결과들을 관련시켜 말할 것을 준비하라. 긍정적인 예와 부정적인 예, 모두 좋다.

공부하게 될 성경 구절들을 더 잘 이해하도록 시간이 허락되면 로마서 11장과 다니엘 2~6장을 읽으라.

필요하다면, 주님이 당신에게 가라고 하신 곳에 가기 위해, 말하라 하신 것을 말하기 위해, 주라 하신 것을 주기 위해 다시 자신을 주님께 드려 주님과 함께 하는 시간을 더 확보하라. 하나님의 뜻을 알아 순종하고자 했던 당신의 경험은 순원들과 가장 많은 것을 나눌 수 있게 할 것이다.

순장노트 어플에서 '올바른 사고방식'을 읽고 공부한 후에 그 원리들을 적용하여 찬·반 도표를 작성하라. 당신 생활 속의 실제 상황을 활용하거나 순원들에게 적용할 수 있는 예화를 준비하라

- 로마서 12장 소개

로마서는 바울이 대부분 이방인 신자로 구성된 로마 교회에 쓴 편지이다. 로마서 12장은 앞의 장들에서 다루어 온 교리(예, 이방인에 대한 하나님의 긍휼 등)에 따라 행하도록 그들을 권면하는 내용이다.

- 시편 119편 소개

시편 119편은 여덟 구절마다 그 첫머리가 히브리어의 알파벳 순서대로 구성되어 있다. 이 지혜의 시편은 사람이 알아야 할 모든 것이 하나님의 말씀에 담겨 있다는 진리를 깨우쳐 준다.

- 다니엘 소개

다니엘은 소년 시절에 당시 세계의 지배자였던 바벨론 왕 느부갓네살에 의해 포로로 잡혀갔던 인물이다. 그는 평생 동안 타협 없는 순종으로 늘 하나님의 선하심을 맛보았다.

○ 참고 자료

하나님의 뜻을 아는 것에 관한 여러 신앙 서적들

○ 보충 자료

짐 엘리엇이 에콰도르에서 아우카 인디언에 의해 순교했을 때의 나이는 28세였다. 그와 다른 4명의 선교사는 이 인디언들에게 그들이 한 번도 들어본 적이 없는 예수 그리스도의 구원의 말씀을 전하고 있었다. 그는 초기 사역의 6년 동안 기록한 그의 일기 속에서 다음과 같이 쓰고 있다.
'He is no fool who gives what he cannot keep to gain what he cannot lose.'
'자신이 잃어서는 안 되는 것을 얻기 위해 자신이 지킬 수 없는 것을 내버리는 사람은 결코 바보가 아니다.'

버마의 나단 브라운은 이러한 기도시를 썼다:
'아버지여, 당신의 뜻을 바꾸어 주시도록 기도해야 합니까?
그것이 나의 뜻과 같이 될 때까지 말입니다.
그러나 아니 됩니다. 주님, 그렇게 되어서는 결코 아니 됩니다.
오히려 나는 기도하오니, 나의 인간적인 뜻을 당신의 뜻에 맞게 고쳐 주소서.'

성경공부 개요

1. (동기 부여를 위한 당신 자신의 생각과 제시 방법 및 가교에 필요한 말을 개발하라.)

2. 하나님의 뜻에 대한 분별

   롬 12:1, 2

3. '변화를 받음'에 대한 설명

   시 19:97~105

4. '드림'에 대한 설명

   단 1:1~21

5. 하나님의 최선을 체험

점검 Point

1. 올바른 사고방식

   1) 올바른 사고방식을 읽고 순모임에서 이에 대해 함께 나누기
   2) 실제 삶에서의 구체적인 일에 대해 "찬·반도표"를 사용하여 하나님의 뜻을 확인하기

06

하나님의 뜻을 아는 방법

개관목적 하나님의 뜻을 알고 그것을 행하게 하려는 데 있다.

학습목표
1. 하나님의 뜻을 알기 위한 두 가지 선행 조건을 말할 수 있다.
2. 마음이 새롭게 되며, 삶이 변화를 받을 수 있는 방법을 설명할 수 있다.
3. 하나님의 뜻에 순종한 다니엘의 모범을 살펴보고 그 순종의 결과를 설명할 수 있다.

1. (동기 부여를 위한 당신 자신의 생각과 제시 방법 및 가교에 필요한 말을 개발하라.)

2. 하나님의 뜻에 대한 분별

로마서 12: 1~2

1) 이 말씀에 의하면, 하나님의 선하시고 기뻐하시고 온전하신 뜻이 무엇인지를 분별하기 위해 우리가 해야 할 일은 무엇인가?

우리 몸을 산 제사로 드려야 한다. 이 세대를 본받지 말고 우리 마음을 새롭게 함으로 변화를 받아야 한다.

2절의 '분별하다(prove)'라는 말은 '우리의 삶 속에서 하나님의 뜻을 나타내는 것 혹은 그 뜻대로 사는 것'을 의미함을 설명하라.

2) 하나님의 뜻을 선하시고 기뻐하시고 온전하신 것으로 표현한 바울의 의도는 무엇이라고 생각하는가?

하나님의 뜻은 내게 항상 가장 좋은 것이며 나쁜 것이란 없다. 또한 내가 즐거워 할 수 있는 것이 될 것이다. 그의 뜻은 완전하여 그보다 더 좋은 계획이 있을 수 없다.

관련지어 말하라

"이 말씀의 두 가지 측면은 우리 몸을 산 제사로 드리는 것과 마음을 새롭게 함으로 우리의 삶이 변화를 받는 것이다. 이제 이 두 가지 측면에 대해 구체적으로 토의해 보자."

3. '변화를 받음'에 대한 설명

시편 119:97~105

1) 시편 기자는 그의 삶이 하나님의 말씀에 의해 변화 받았다는 것을 어떻게 알 수 있었는가?

말씀에 대한 그의 사랑이 점점 더해갔다. 하나님의 말씀이 그를 원수보다 지혜롭게 했고, 모든 스승보다, 노인들보다 더 명철하게 했다. 그는 말씀을 지키려고 행동을 조심하여 악한 길로 가지 않았나. 그는 하나님의 말씀에 순종했으며, 말씀의 맛이 달다고 할 만큼 말씀을 좋아했다. 말씀은 그가 올바른 길을 가도록 밝혀 주는 빛이 되었다.

2) 시편 기자의 삶이 변화된 것은 하나님의 말씀에 의한 것임이 분명하다고 볼 때, 그는 하나님의 말씀을 듣고 어떻게 행동했을 것이라고 생각하는가?

그는 말씀을 묵상했다. 항상 말씀 안에 거하려고 노력했다. 주의 계명을 관찰하고 순종했다. 주께서 그를 가르치시도록 주의 규례에서 떠나지 않았으며 주님과 함께 하는 시간을 가졌다. 말씀으로 의의 길과 악의 길을 분별했다. 그는 삶의 방향을 결정짓기 위해 말씀을 듣고 순종했다.

지금까지는 하나님의 말씀에 의해 변화 받는 삶과 관련된 말씀을 살펴보았고, 다음에는 하나님의 뜻을 알고 그것에 순종하여 그 결과로 그의 생애에 대한 하나님의 선하시고 기뻐하시고 온전하신 뜻을 경험할 수 있었던 한 사람의 예를 공부할 것임을 알려주라.

4. '드림'에 대한 설명

다니엘 1:1~21

1) 다니엘이 왕이 보낸 음식을 먹지 않은 것은 그가 하나님의 뜻에 전적으로 순종한다는 것을 어떻게 보여 주는 것인가?

그는 하나님의 뜻을 따르기 위해 모든 위험을 각오하고 있었다. 생명이 위태로울 수도 있었고, 감옥에 갇히든가, 노예가 되어 강제 노동형에 처해질 수도 있었다. 굶어 죽을 수도 있었지만 그는 오직 하나님의 뜻에 순종하고자 했던 것이다.

다니엘이 음식 먹기를 거절하였던 관점에 맞추어 명료하게 하는 질문을 개발하라.

(1) (개방형 혹은 다른 표현의 질문)

(2) (확대 개방형 질문)

2) 다니엘은 하나님의 뜻을 따를 준비가 되어 있었으며, 기꺼이 순종했음이 분명하다. 이 순종의 결과로 하나님의 선하시고 기뻐하시고 온전하신 뜻이 그의 삶에 어떻게 나타났는가?

그의 순종의 결과는 초자연적인 것이었다. 그는 지식, 명철, 그리고 이상과 꿈을 깨닫는 능력을 소유하게 되었다. 그와 그의 친구들도 왕궁에 있던 다른 모든 자들보다 열 배나 뛰어나 보이게 되었다. 하나님은 또한 그에게 장수를 허락하셨다.

5. 하나님의 최선을 체험

로마서 12:1~2

1) 만일 다니엘이 세상과 타협하려고 했다면 어떤 이유들을 내세웠겠는가?

동료들의 압력, 생명에 대한 두려움, 시험(채소 먹는)의 실패에 대한 두려움 등 여러 압박들 때문에 타협했을 것이다. 하나님이 더 이상 나를 돌보시지 않으며 감옥 생활의 고통 때문에 하나님을 원망할 것이라는 생각, 만일 왕의 총애를 얻을 수 있다면 나의 민족을 도울 수 있는 더 좋은 위치를 확보하게 되리라는 생각 때문에 타협했을 것이다.

명료하게 하는 질문을 개발하라

(1) (다른 표현의 질문)

(2) (확대 개방형 질문)

순원들이 세상과 타협하려고 했을 이유들을 가정해 보도록 도우라.

2) 우리의 삶에 대한 하나님의 선하시고 기뻐하시고 온전하신 뜻을 체험하기 위해 우리가 기꺼이 취해야 할 단계들은 무엇인가?

우리의 몸을 산 제사로 기꺼이 드려야 하며, 하나님의 말씀으로 우리의 마음을 새롭게 하고, 하나님의 말씀으로 변화를 받으며, 그의 말씀에 순종하며, 그의 뜻에 복종해야 한다.

사람이 자신의 삶에 대한 하나님의 최선의 계획대로 살고 싶다면 하나님의 말씀에 의해 계속해서 변화되는 생활을 해야하며, 어떤 일이 있더라도 하나님의 뜻이라면 기꺼이 따르려는 완전한 헌신을 해야 한다는 사실을 설명하라.

3) 당신의 삶에서 하나님께 산 제물로 자신을 드려야 할 영역은 무엇인가? 하나님의 뜻인 줄 알면서도 기꺼이 드리지 못한 영역은 어떤 것이 있는가?

순원들이 변화되는 삶을 꾸준히 살 수 있도록 돕기 위해 하나님의 말씀을 삶에 적용할 수 있는 방법을 생각하게 하는 개방형 질문을 개발하라. 그들에 대한 하나님의 선하시고 기뻐하시고 온전하신 뜻이라고 생각되는 것들을 마음속에 그려 볼 수 있는 개방형 질문을 개발하라.

말하라

"지금까지 우리는 한 사람이 자신의 삶에 대한 하나님의 뜻을 알고 체험할 수 있는 방법에 대한 일반적인 사실들에 관해 이야기해 왔다. 하지만 직업, 결혼, 재정 등에 대한 하나님의 구체적인 뜻을 분별하는데 도움을 주는 다른 성경적 원리들이 있다. 여기서 하나님의 말씀은 아주 중요하다. 뿐만 아니라 말씀을 잘 알고 그것을 우리 상황에 적용시킬 수 있는 성숙한 그리스도인과의 상담도 필요하다. 기도와 아울러 때때로 섭리하시는 환경들은 우리 삶에 대한 하나님의 뜻을 분별하는데 도움을 준다."

"다음 시간에는 '세계 복음화와 비전을 가진 그리스도인'에 대해 토의할 것이다. 토의할 주요 성경 구절은 마태복음 9:36~38; 28:19, 20과 빌립보서 4:14~19 및 사도행전 1:8이다. 생생하고 풍성한 순모임이 되도록 미리 성경 말씀을 읽고 공부해 오기 바란다."

실 천
사 항

1. 보다 효과적인 승법 번식가가 되기 위해 취해야 할 단계들

1) '올바른 사고방식'을 주의 깊게 읽으라.

2) 찬·반 도표를 사용하여 이 '올바른 사고방식'에 있는 원리들을 당신이 하나님의 인도하심을 구하고 있는 특정한 영역에 적용해보라(예: 직업, 결혼, 물품 구입 등).

설명하라

"'올바른 사고방식'을 읽은 후 찬·반 도표를 펴고, 여러분이 현재 직면하고 있는 결정에 대한 세 가지 이상의 다른 선택안을 써 넣으라. 도표를 작성하기 전에 하나님이 여러분에게 나타내 보이시는 것이면 무엇이든지 기꺼이 순종할 수 있는지를 스스로에게 물어 보라. 당신이 원하는 것 뿐 아니라 생각할 수 있는 선택안을 다 적어 보라."

점검
Point

1. 올바른 사고방식

1) '올바른 사고방식'을 읽고 순모임에서 이에 대해 함께 나누기

2) 실제 삶에서의 구체적인 일에 대해 '찬·반도표'를 사용하여 하나님의 뜻을 확인하기

***순장NOTE APP을 통해 자세한 내용을 확인하세요.**

07

세계 복음화의 비전을 가진 그리스도인

"이와 같이 이 작은 자 중의 하나라도 잃는 것은
하늘에 계신 너희 아버지의 뜻이 아니니라"

-마 18:14

준 비

ㅇ 개인 점검

당신이 집중할 수 있는 30분 정도의 시간을 확보하라. 성경과 순모임 교재 및 MD_Guide를 준비하고, 그것들이 새롭고 당신에게 개인적인 것이 되도록 기도하라. 순원들이 가지고 있는 특별한 필요의 영역들을 질문으로 잘 유도해 낼 수 있도록 기도하라.

당신은 네 가지 주요한 질문들과 모든 명료하게 하는 질문 및 적용, 이 과의 실천 사항을 스스로 개발해야 할 것이다. 또한 실제 사역 시간도 개발할 필요가 있을 것이다.

ㅇ 참고 자료

신앙 개념 제7권 '지상 명령 성취를 돕는 방법'

ㅇ 인용문

- A.W. 토저: '하나님을 추구함(The pursuit of God)'

"거의 보편적인 이 암흑의 시대에 기운을 돋우는 한 섬광(閃光)이 나타난다. 즉, 보수적인 기독교 신앙의 울타리 안에서 하나님 한 분을 향한 갈급한 열망으로 신앙을 특징지을 수 있는 사람들의 수가 증가함을 발견할 수 있다. … 이것만이 종교적 영역의 어느 곳에서나 내가 감지할 수 있었던 유일한 부흥의 전조이다."

- 프란시스 쉐퍼: '죽음의 도시(Death in the City)'

"우리는 후기 기독교 세계에 살고 있다. 우리 세대가 하나님으로부터 돌아섰기 때문에 하나님께서는 심판 가운데 우리를 버려두사 역사 속에 다음 두 가지 방법 중 하나로 행하실 수 있다. 역사에 직접적인 개입을 통해서 또는 역사의 바퀴를 그대로 돌리심으로써… 우리는 현실을 똑바로 알아야 한다. 시작하는 지점은 당신과 내가 후기 기독교 세계에 살고 있다는 것을 이해하는 것이다."

성경공부 개요

1. C.T. 스튜드의 말
2. 세계 복음화의 비전을 가진 그리스도인과 기도

   마 9:36~38
3. 세계 복음화의 비전을 가진 그리스도인과 헌금

   빌 4:14~19
4. 세계 복음화의 비전을 가진 그리스도인과 제자화

   마 28:19, 20
5. 세계 복음화의 비전을 가진 그리스도인과 유용성
6. 세계 복음화의 비전을 가진 그리스도인의 정의
7. 세계 복음화의 비전을 가진 그리스도인이 되기

점검 Point

1. 제자화 사역의 개인전략
   1) 순원(들)을 제자화 사역에 초대하기 위해 해야 할 일에 대해 이해하고 도표를 작성하기
   2) 나의 제자화 사역의 함정들에 대해 이해하고 도표를 작성하기

07

세계 복음화의 비전을 가진 그리스도인

개관목적 지상 명령 성취를 도움으로써 세상에 어떤 영향을 미칠 수 있는지를 이해하도록 하려는 데 있다.

학습목표
1. 지상 명령 성취를 도움으로써 세상에 영향을 미칠 수 있는 구체적인 방법을 설명할 수 있다.
2. 세계 복음화의 비전을 가진 그리스도인에 대해 설명할 수 있다.

1. C.T. 스튜드의 말

"만일 예수 그리스도가 하나님이시며 나를 위해 죽었다면, 내가 그를 위해 치루는 어떤 희생도 크다고 할 수 없을 것이다."

> "C.T. 스튜드의 말 뿐만 아니라 그의 온 생애는 우리에게 큰 도전이 된다. 이제 세계 복음화의 비전을 가진 그리스도인의 네 가지 측면을 토의해 보자."

2. 세계 복음화의 비전을 가진 그리스도인과 기도

마태복음 9:36~38

잃어버린 자를 향한 예수님의 마음에 대해 관찰한 것을 토의할 수 있도록 개방형 질문을 개발하라.
질문을 가지고 토의를 하며 순모임을 인도하라. 필요한 경우에만 제시된 답을 나누라. 각 질문을 토의한 후에 순원들의 답을 요약해 주고 그들의 교재에 결론을 적도록 격려하라.

(1) (확대 개방형 질문)

(2) (개방형 질문)

1) ________________________________

2) 예수님께서 그의 제자들에게 무리들을 위해서보다 추수할 일꾼을 위해서 기도하라고 하신 이유는 무엇인가?

예수님께서는 들판이 희어져 추수하게 되었다고 말씀하셨다. 때문에 천국을 위해 예비된 영혼을 추수하는 것이 필요했다. 실제로 많은 사람들이 예수님을 영접할 준비가 되어 있다. 필요한 것은 이들을 추수할 일꾼이다.

3) 지상 명령 성취를 위해 기도하지 않는다면 어떤 결과가 생기는가?

그 결과는 더 많은 일꾼들이 보냄을 받지 못하는 것이며, 그로 인해 사람들이 복음을 듣지 못하여 영원한 생명을 얻지 못하는 것이다.

말하라

"세계 복음화의 비전을 가진 그리스도인에게 있어서 기도는 중요한 측면이다. 그러나 기도가 세계복음화를 위해 해야 할 유일한 것은 아니다. 또 다른 측면인 헌금도 기도만큼 중요하다."

3. 세계 복음화의 비전을 가진 그리스도인과 헌금

빌립보서 4:14~19

선물을 받는 사람이 경험할 수 있는 유익을 토의하기 위한 질문을 개발하라.

1) ______

2) 선물을 주는 사람이 경험하는 유익이 무엇인가?

그는 선물을 받는 사람을 통해 격려를 받으며, 하나님을 기쁘시게 하고 그의 경영이 풍성하게 되며 하나님으로부터 필요들을 공급받게 된다.

3) 지상 명령 성취를 돕는데 재정적으로 참여하지 않는다면 어떤 결과가 생기는가?

하나님께서 기뻐하시지 않고, 재정적 필요들이 충족되지 않아 지상 명령의 성취를 이루는데 방해를 받고, 지상 명령 성취를 돕는데 참여하는 큰 축복을 놓치게 된다.

말하라

"세계 복음화의 비전을 가진 그리스도인에게 있어서 또 다른 측면은 제자화다. 우리가 제자 삼는 일에 참여하는 것은 매우 중요하다."

4. 세계 복음화의 비전을 가진 그리스도인과 제자화

마태복음 28:19~20

제자화 과정에서 우리의 역할과 그 유익들을 토의하기 위해 개방형 질문을 개발하라

(1) (확대 개방형 질문)
(2) (개방형 질문)
(3) (제한형 질문)

1) ______________________________

2) 지상 명령 성취를 돕기 위해 제자를 키우는 일에 참여하지 않는다면 어떤 결과가 생길 것이라고 생각하는가?

하나님께서 기뻐하시지 않으며, 제자화 사역의 축복과 성취를 놓치게 될 것이다. 그리고 다른 사람들이 제자가 될 수 없으며, 이로 인해 많은 사람들이 복음을 듣지 못할 것이다.

말하라

"그리고 우리가 세계 복음화의 비전을 가진 그리스도인에 관해 토의할 때 고려해야 할 또 하나의 측면은 유용성이다."

5. 세계 복음화의 비전을 가진 그리스도인과 유용성

사도행전 1:8

예수님께서 그들의 가정에서 뿐 아니라 세상 끝까지 증인이 되어야 한다고 말씀하신 사실에 대해 토의하기 위한 질문을 개발하라.

(1) (확대 개방형 질문)

(2) (개방형 질문)

1) ______________________________

2) 지상 명령 성취를 돕기 위해 어느 곳이든지 기꺼이 가려고 하지 않는다면 어떤 결과가 생길 것이라고 생각하는가?

세상의 어떤 지역들은 여전히 복음을 듣지 못한 채로 남게 되며, 우리가 처해 있는 곳은 침체하게 되고 우리 인생에 대한 하나님의 최선도 놓쳐 버릴 것이다.

"우리가 살펴보았듯이 세계 복음화의 비전을 가진 그리스도인은 기도와 헌금과 제자화와 복음 전파를 통해 지상 명령 성취를 돕는 데에 스스로 참여해야 한다."

6. 세계 복음화의 비전을 가진 그리스도인의 정의

마태복음 28:19~20

1) 당신은 세계 복음화의 비전을 가진 그리스도인을 어떻게 정의하겠는가?

세계 복음화의 비전을 가진 그리스도인이란 자신의 시간, 재능 및 물질의 사용을 지상 명령 성취에 비추어 평가하는 사람으로 정의할 수 있다. 그는 기도와 제자화에 기꺼이 자신의 시간을 투자하며 하나님의 영광을 위해 자신의 능력과 재능을 드린다. 그에게는 하나님의 나라에 물질을 투자할 수 있는 특권이 있다.

7. 세계 복음화의 비전을 가진 그리스도인이 되기

이 과에 적용되는 질문을 개발하라. 세계 복음화의 비전을 가진 그리스도인의 네 가지 사역의 측면(기도, 헌금, 제자화, 유용성)이 순원들의 생활에서 실제가 되도록 도전을 주라.

1) ______

2) ______

3) ______

4) ______

실천 사항을 개발하라. 순원들로 하여금 배운 원리들에 대한 개인 적용과 아울러 그 원리들을 실천하기 위한 명확한 계획을 세우도록 하라.

관련지어 말하라

"다음 시간에는 '가치 있는 삶'을 공부하게 될 것이다. 토의할 주요 성경 구절은 마가복음 8:34~38과 누가복음 12:15~21이다. 순모임이 풍성하도록 미리 성경 말씀을 읽고 공부해 오기 바란다."

점검
Point

1. 제자화 사역의 개인전략

1) 순원(들)을 제자화 사역에 초대하기 위해 해야 할 일에 대해 이해하고 도표를 작성하기
2) 나의 제자화 사역의 함정들에 대해 이해하고 도표를 작성하기

*순장NOTE APP을 통해 자세한 내용을 확인하세요.

08

가치 있는 삶

"영원한 것을 얻기 위해 영원하지 않는 것을 버리는 자는
결코 어리석은 자가 아니다"

-짐 엘리엇

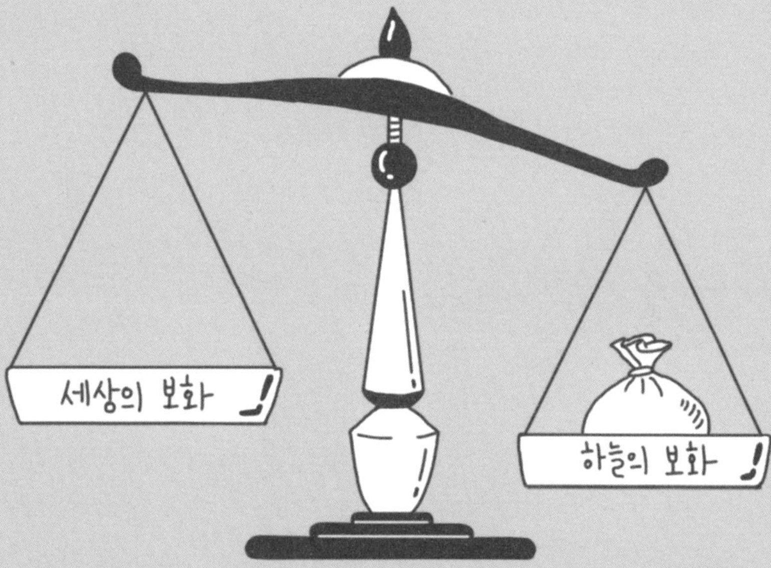

준 비

○ 개인 점검

당신이 집중할 수 있는 한 시간 정도의 시간을 확보하라. 성경 구절을 읽고, MD_Guide를 따라 공부하며 네 가지의 중요한 질문과 아울러 순원들을 바람직한 결론으로 이끌어 줄 수 있는 명료하게 하는 질문을 개발하라. 또한 동기 부여와 적용, 실제 사역의 부분도 제시해 줄 아이디어를 개발하라. 하나님 앞에서 순원들이 가치있는 삶을 결정하는데 이 성경 공부가 도움이 되도록 기도하라.

- 마가복음 8장 소개

마가복음은 A.D. 64~68년경에 바울과 바나바의 동료인 마가 요한에 의해 쓰여졌다. 복음서 중에서 가장 짧은 책으로 마태복음과 누가복음에서 발견되는 내용의 약 93퍼센트를 포함하고 있다. 마가복음 8장은 예수님께서 자신의 죽음을 예언하는 내용이다.

- 누가복음 12장 소개

누가복음은 A.D. 58년경에 바울의 동역자였고 의사였던 누가에 의해 쓰여진 것으로, 그 주제는 그리스도의 생애이다. 누가복음 12장에는 비유와 경고가 다루어지고 있다.

○ 참고 자료

신앙개념(TC) 제5권 '성령 안에서 증거하는 방법'

○ 보충 자료

1) 다음 글은 어느 무신론자가 쓴 글 중에서 발췌한 것이다. C.T. 스튜드로 하여금 그리스도께 전적으로 헌신하도록 도전을 준 사람이 바로 이 글의 필자이다.

"수백만의 사람들이 믿는 것처럼, 내가 만일 이 생에서의 종교적인 지식과 실천이 곧 저 생의 영원한 운명을 결정하는 것임을 확신한다면 나에게 있어서 종교는 모든 것을 의미하는 것이 된다. 나는 이 생의 즐거움은 찌꺼기처럼, 세상 근심은 어리석은 것으로, 세상적인 생각과 감정들은 헛된 것으로 던져버릴 것이다. 종교는 잠에서 깰 때 처음으로 하는 생각이 될 것이고, 잠이 나를 무의식 속으로 빠져들게 할 때의 마지막 영상이 될 것이다. 나는 종교의 동기에 의해서만 일할 것이다. 나는 내일부터 시작될 영원만을 생각할 것이다. 나는 천국에 갈 한 영혼을 위해서라면 고통스러운 삶을 살 가치가 있다고 평가할 것이다. 세상의 중요 관심사들은 결코 내 머리 속에 머물지 못할 것이며, 내 입을 봉할 것이다. 세상, 그것의 기쁨과 슬픔은 내 생각의 한 순간도 차지하지 못할 것이다. 나는 영원만을, 또한 장차 영원히 행복해지거나 영원히 비참해질 내 주위의 불멸의 영혼들만을 바라보며 애쓸 것이다. 나는 때를 얻든지 못 얻든지 전 세계로 다니며 나의 종교를 전파할 것이며, '온 천하를 얻고도 자기 영혼을 잃으면 무엇이 유익하리요'라는 말을 하고 다닐 것이다."

2) 다른 사람들도 사람들에게 자신의 메시지를 전하기 위해서는 대가를 치루는 수고를 한다. 미국 동부의 한 대학생이 최근에 멕시코에 가서 시간을 보내다가 공산주의 운동가들 안에서 그들이 참된 헌신을 하는 이유를 발견했다. 그리고 그도 공산주의자가 되었다. 그는 곧 그의 약혼자에게 편지를 써서 약혼을 파기했다. 이 편지는 노스 캐롤라이나 주의 몬트리트에 있는 한 장로교 목사에 의해 빌리 그래함에게 전해졌다. 다음이 그 편지 내용이다.

"우리 공산주의자들은 사상율이 높다. 우리는 총살을 당하고, 교수형에 처해지고, 구타당하고, 고문당하고, 감옥에 갇히고, 중상과 비웃음을 당하고, 직장에서 쫓겨나며, 그 밖에 가능한 모든 방법으로 비참하게 된 사람들이다. 수많은 동지들이 죽임을 당하고 투옥된다. 우리는 사실상 가난 속에서 살아간다. 우리의 생존을 유지하기 위해 절대적으로 필요한 것 이상으로 우리가 벌어들이는 모든 돈은 당에 바친다. 우리 공산주의자들은 영화나 음악회나 고급 요리나 화려한 집이나 새 차를 위해 시간이나 돈을 쓰지 않는다. 우리는 미치광이로 불려진다. 우리는 공산주의에 미쳐 있다. 우리의 삶은 하나의 위대한 압도적 요인, 즉 세계를 공산화하기 위한 투쟁에 종속되어 있다. 우리 공산주의자들은 돈을 주고도 살 수 없는 위대한 인생철학을 가지고 있다. 우리는 그것을 위해 싸울 명분이 있고, 인생의 분명한 목적이 된다. 우리의 사소한 개인적인 욕망은 인류의 거대한 운동에 묻어 버린다. 그리고 만일 우리의 삶이 당에 대한 복종으로 고달프게 느껴질 때, 우리 각자가 나름대로의 작은 방법이지만 인류를 위해 무엇인가 새롭고 진실되고 보다 나은 일에 공헌하고 있다는 생각으로 위로와 보상을 받게 될 것이다. 나는 공산주의를 위해 살고, 공산주의를 위해 죽는다. 그것은 곧 공산주의의 대의명분이기 때문이다. 그것은 나의 생명이고, 사업이며, 나의 종교요, 취미요, 애인이요, 아내요, 빵과 고기이다. 나는 낮에는 그것을 위해 일하고, 밤에는 그것에 대한 꿈을 꾼다. 그것은 시간이 갈수록 자라나며 줄어들지 않는다. 그러므로 나는 나의 삶을 움직이고 인도하는 이 거대한 힘과 연관되지 아니하는 우정이나 사랑, 심지어는 대화마저도 가질 수 없다. 나는 공산주의에 얼마만한 영향을 끼치며 공산주의에 대한 태도가 어떠한가에 따라 사람들이나 책이나 사상이나 행동을 평가한다. 나는 이미 이러한 나의 사상 때문에 감옥에 있지만, 필요하다면 총살대 앞에 설 각오도 되어 있다."

3) 다음 글은 A.W. 토저가 쓴 '점박이 쥐의 양육에 대하여'라는 논설에서 발췌한 것이다.

"미 연합통신(The Associated Press)'은 최근 런던에서 89회 생일을 앞두고 죽은 어느 영국 귀족에 대한 다소 우울하지만 흥미 있는 기사를 실었다. 그는 재산과 지위를 가진 사람으로서, 평생 생계를 위해 일할 필요가 없었다. 그래서 그는 어른이 되고 죽을 무렵까지 약 70년 동안 무엇이든 자신이 원하는 것을 해 보고, 어떤 직업이든 해 보고, 자신의 상당한 능력에 알맞다고 생각하는 무슨 일이든 해 보는 자유를 누려왔다. 그러면 그는 무슨 일을 하기로 선택했을까? 전해지는 이야기대로 그는 완전한 점박이 쥐를 사육하는데 그의 생을 바쳤다. 물론 나는 모든 사람이 자신이 원하고 또 할 수 있다면 쥐 협동조합을 차려서 점박이 쥐를 사육할 권리가 있다는 것을 인정한다. 그것은 그의 사정이지 나의 일은 아니다. 나는 쥐 애호가도 아니다(물론 쥐 증오가도 아니다. 다만 난 쥐에 대해 중립적 감정을 가졌다.). 나는 점박이 쥐가 보통 색깔의 쥐보다 더 유용하고 더 사랑스러운 동물인지 아닌지도 잘 모른다. 그런데 여전히 그 일을 생각하면 마음이 편치 못하다. 문제의 그 쥐의 사육자는 귀족이었고, 나는 펜실바니아 주의 산악 지역에서 태어났다. 하지만 고양이가 왕을 바라볼 수 있듯이 농장 출신의 소년도 귀족을 바라볼 수 있을 뿐 아니라 상황이 보장된다면 못마땅한 눈으로 귀족을 바라볼 수도 있다고 생각한다. 여하간 나는 여자에게서 태어난 모든 사람에 대해 유대감을 느끼곤 한다. 그래서 바다 건너의 내 형제에 대해서 슬픔을 느끼지 않을 수 없는 것이다. 하나님의 형상대로 지음을 받고, 경이로운 정신과 영혼의 능력을 부여받고, 또한 영원을 꿈꾸고 영원의 먼 사색을 할 수 있도록 부름 받은 그가 자신의 존재 이유로 점박이 쥐의 사육을 택했다는 것이다. 지상에서 하나님과 동행하다가 후에 천국에서는 성도들과 천사들과 함께 거하도록 초대받았고, 하나님의 뜻을 따라 자기 세대에 봉사하고 거룩한 열정으로 그리스도 예수 안에서 하나님의 거룩한 부르심의 상을 위해 푯대를 향하도록 부르심을 받았는데, 그는 그의 일생을 저녁 시간이나 휴일이 아닌 전 생애를 그 점박이 쥐에게 바친 것이다. 이것은 틀림없이 에스킬러스나 셰익스피어의 마음을 차지할 만한 비극인 것이다. 이 이야기는 우리의 눈앞에 일상적으로 분장한 연극배우들에 의해서가 아니라 실제의 인물에 의해 행해진 완전한 인간 비극을 지적하고 있다. 사람들 모두는 죄와 의와 심판에 대해 관심을 가져야 한다. 사람들은 모두 죽을 준비와 다시 살 준비를 해야만 한다. 그런데도 대신에 그들은 오히려 점박이 쥐를 사육하는 데 일생을 보내고 있는 것이다."

성경공부 개요

1. 한 기독교 지도자의 말

2. 인생의 투자에 대한 하나님의 관점

   막 8:34~38

3. 인생의 결정들을 하나님의 관점과 연관시키기

   눅 12:15~21

4. 평가질문 만들기

08

가치 있는 삶

개관목적 하나님의 가치라는 관점으로 자신의 인생을 평가하고, 더 나아가 그 가치로 자신의 인생을 평가하는 단계들을 밟아가도록 하는 데 있다.

학습목표
1. 한 사람의 영혼에 대해 하나님께서 가지고 계신 가치를 설명할 수 있다.
2. 인생의 결정들을 하나님의 관점과 연관시킬 수 있다.
3. 현재 삶의 방식과 장래의 목표들이 사람의 영혼에 대해 가지고 계신 하나님의 가치라는 관점에서 최선의 효과를 내는 데 초점을 두고 있는지의 여부를 평가할 수 있다.

1. 한 기독교 지도자의 말

"그리스도인이건 아니건 간에 이 세상에서 고생을 당하기는 마찬가지이며, 모두 한번은 죽는다. 기왕 내가 그리스도인이 될 바엔 하나님이 주시는 은혜를 전부 누리고, 그 대신 하나님의 의노하심에 부족함이 없는 내가 되고 싶다. 이왕 고생을 하고 한번 죽고 말 바에야 가장 높고 귀한 것을 위하여, 주 예수 그리스도와 그의 복음을 위하여 고생하고 싶다."

2. 인생의 투자에 대한 하나님의 관점

마가복음 8:34~38

예수님을 따르는 일(전적인 헌신과 복음 전도를 부끄러워하지 아니하는 마음)에 포함된 몇 가지의 생각들을 이끌어 낼 개방형 질문을 개발하라.

(1) (확대 개방형 질문)

(2) (개방형 질문)

1) ______________________________

36, 37절에서 온 천하를 주고도 살 수 없는 한 인간의 영혼에 대한 가치를 생각할 수 있도록 개방형 질문을 개발하라.

(1) (확대 개방형 질문)

(2) (개방형 질문)

2) ______________________________

세상의 모든 부(금, 은, 보석, 석유, 돈, 저택 등)를 취하여 저울의 한쪽에 올려놓고, 그 다음 다른 한쪽에는 인간적으로 가장 보잘 것 없는 사람의 영혼을 올려놓는다고 가정해 보자. 그러나 하나님의 시선에는 그 한 영혼의 가치가 다른 모든 것보다 더욱 크고 무겁다.

3) 당신이 투자할 수 있는 가장 가치 있는 것은 인간의 영혼이다. 인간의 영혼에 투자하는 가장 좋은 방법은 무엇인가?

그들을 전도하고 제자화하는 것, 그들의 친구가 되어 주는 것 등

3. 인생의 결정들을 하나님의 관점과 연관시키기

누가복음 12:15~21

> 이 구절에서 부자가 '내가'와 '내'라는 말을 몇 번이나 사용하고 있는지를 세어 보게 하라. 그리고 부자의 가치관에 대해 말할 수 있는 질문을 하라. 그는 자기 자신과 자신의 안락을 다른 사람들보다 더 귀중히 여겼다.

1) ____________________________

순원들로 하여금 자신의 삶과 부자의 삶 사이에서 유사점을 찾을 수 있도록 도전을 줄 질문을 개발하라

(1) (확대 개방형 질문)

(2) (개방형 혹은 유도형 질문)

2) ____________________________

3) 15, 20, 21절에 의하면, 하나님의 가치관은 그 부자의 가치관과 어떤 점에서 다른가?

하나님은 그의 영혼에 가치를 두셨고, 부자는 자신의 재물에 가치를 두었다. 그는 그릇된 것에 가치를 두었기 때문에 아무 것도 남기지 못하고 인생을 마쳤다.

순원들이 지금 사람들의 삶에 최선의 영향을 미치는 삶을 살고 있는지를 평가할 수 있도록 적합한 질문을 개발하여 적용 단계를 준비하라. 인간 영혼에 대해 가지신 하나님의 가치라는 관점으로 각자 자신의 삶의 방향을 평가해 보도록 하라.

4) ____________________

순원들에게 '야베스 기도(지경을 넓히는 전략, 대상 4:9, 10)' 같은 특별한 사역의 계획안을 도전하는 시간을 가지라.

점검 Point

1. DRF(Development Review Form)
   1) DRF(Development Review Form)에 대해 이해하고 작성하기
   2) 순장이나 간사님과 작성한 DRF를 나누고 의논하기

*순장NOTE APP을 통해 자세한 내용을 확인하세요.